Les finances locales sénégalaises

Finances publiques

Collection dirigée par Thierry LAMBERT

Les finances publiques connaissent un développement important et se diversifient. Les finances de l'État, les finances communautaires, les finances internationales et comparées, la science et la technique fiscales ne sont que quelques-uns des domaines couverts par les finances publiques contemporaines.

La présente collection a pour vocation de publier des travaux originaux (thèses, essais, colloques...) ou de facture plus classique (manuels, commentaires de textes, recueils de documents...).

Elle a aussi pour ambition de rééditer des ouvrages aujourd'hui introuvables, mais fort utiles, dès lors qu'ils s'imposent comme référence et qu'ils sont agrémentés d'une préface substantielle.

Déjà parus

ATECK A DJAM Félix, *Droit du contentieux fiscal camerounais, Nouvelle édition,* 2017.

Mahrez ZAHED, *La démarche de performance dans la gestion locale. Les collectivités territoriales face aux défis de la nouvelle gouvernance*, 2017.

PALMA-AMALRIC Valérie, *L'autonomie financière des autorités indépendantes*, 2017.

ALLOUARD Ophélie, *Les frontières fiscales dans l'Union européenne appliquées à la fiscalité des entreprises*, 2016.

DIOUKHANÉ Abdourahmane, *Les juridictions financières dans l'UEMOA. La Cour des comptes du Sénégal*, 2016.

EVINA OBAM Richard, *La politique discale au Cameroun depuis les années 1980*, 2016.

ONANGA OPISSINA Vianney, *Problématique de la TVA dans l'espace OHADA*, 2016.

EISINGER Thomas, *Les métamorphoses de la question tarifaire*, 2015.

CARUANA Nicolas, *La fiscalité environnementale. Entre impératifs fiscaux et objectifs environnementaux, une approche conceptuelle de la fiscalité environnementale*, 2015.

DAL VECCHIO Frédéric, *L'opposabilité des conventions de droit privé en droit fiscal*, préface de Thierry Lambert, 2014.

VAPAILLE Laurence (sous la direction de), *Refonder l'impôt sur le revenu ?*, 2013.

RIU Isabelle, *Sociétés et établissements stables en droit fiscal international et de l'Union européenne*, préface de Daniel Gutmann, 2012.

ALBERT Jean-Luc (sous la direction de), *Mélanges en l'honneur de Jean - Pierre Lassale, Gabriel Montagnier et Luc Saïdj. Figures lyonnaises des finances publiques*, 2012.

EVAH-MANGA Emmanuel, *Le contrôle de gestion dans les collectivités territoriales. Une approche sociologique. Une approche sociologique*, préface de Jean-Pierre Sueur et Christian Guyon, 2012.

PANCRAZI Laurent, *Le principe de sincérité budgétaire*, préface de Gilbert Orsoni, 2012.

Abdourahmane DIOUKHANÉ

Les finances locales sénégalaises

L'Harmattan

Du même auteur

Les juridictions financières dans l'UEMOA. La Cour des comptes du Sénégal, Paris l'Harmattan, coll. « Finances publiques », 2016.

Les Finances publiques dans l'UEMOA. Le budget du Sénégal, Paris, l'Harmattan, coll. « Finances publiques », 2015.

5-7, rue de l'Ecole-Polytechnique, 75005 Paris

http://www.editions-harmattan.fr

ISBN : 978-2-343-15088-8
EAN : 9782343150888

À la mémoire de mes parents,
Serigne Maka et Fatou Dioukhané

SOMMAIRE

TABLEAU ALPHABÉTIQUE DES PRINCIPALES ABRÉVIATIONS

ADL :	Agence de Développement Local
ADM :	Agence de Développement Municipal
AFD :	Agence Française de Développement
AGETIP :	Agence d'Exécution des Travaux d'Intérêt Public
AJDA :	Actualité juridique du droit administratif
ARD :	Agence Régionale de Développement
BCEAO :	Banque Centrale des États de l'Afrique de l'Ouest
BCI :	Budget Consolidé d'Investissement
BOAD :	Banque Ouest-Africaine de Développement
CEL :	Contribution Économique Local
CFPB :	Contribution Foncière sur les Propriétés Bâties
CFPNB :	Contribution Foncière sur les Propriétés Non Bâties
CGCT :	Code général des collectivités territoriales
CGF :	Contribution Globale Foncière
CGU :	Contribution Globale Unique
CRC :	Chambre régionale des comptes

DPBEP :	Document de Programmation Budgétaire et Économique Pluriannuelle
DAF :	Direction Administrative et Financière
FDD :	Fonds de Dotation de la Décentralisation
FECL :	Fonds d'Équipement des Collectivités Locales
IMF :	Impôt du Minimum Fiscal
PIB :	Produit intérieur brut
PNDL :	Programme National de Développement Local
PRECOL :	Programme de Renforcement et d'Équipement des Collectivités Locales
RDP :	Revue du droit public
RFDA :	Revue française de droit administratif
RFFP :	Revue française de finances publiques
SYSCOA :	Système Comptable Ouest-Africain
TEOM :	Taxe d'enlèvement des ordures ménagères
TRIMF :	Taxe Représentative de l'Impôt du Minimum Fiscal
TVA :	Taxe sur la Valeur Ajoutée
UEMOA :	Union Économique et Monétaire Ouest-Africaine

INTRODUCTION GÉNÉRALE

1- Les finances locales constituent une composante des finances publiques. De ce point de vue, elles se définissent comme l'ensemble des règles relatives aux recettes et aux dépenses des collectivités locales. La question des finances locales présente aujourd'hui un intérêt doublement renouvelé. Au plan national, la décentralisation, dont elle constitue un aspect, voire même l'aspect essentiel, est une des problématiques de ce thème nouveau de la modernisation de l'État. En effet, avec l'Acte III de la décentralisation, posé par la loi n° 2013-10 du 28 décembre 2013, modifiée, portant Code général des collectivités territoriales, l'objectif des pouvoirs publics est la refondation de l'action territoriale de l'État[1]. Au plan communautaire, l'appréciation des positions budgétaires des États membres effectuée dans le cadre du système de surveillance multilatérale, repose sur une approche globalisée des finances publiques. Ainsi, pour le Sénégal, État membre de l'UEMOA, l'analyse de ses agrégats macro-budgétaires, que sont le déficit et l'endettement, intègre la situation financière des collectivités locales.

Restant sur ce double plan, national et communautaire, le constat d'une double contradiction s'impose. C'est entre, d'une part, le poids financier local et la volonté politique déclarée jusqu'ici avec force, de renforcer la décentralisation, d'autre part, s'agissant de dispositions essentielles en matière de finances locales entre les textes sénégalais et la Directive n° 01/2011/CM/UEMOA portant régime financier des collectivités territoriales du 24 juin 2011. Ces deux contradictions se traduisent, respectivement, par la faiblesse du poids financier local et la désarticulation du cadre juridique des finances locales.

---

[1] Exposé des motifs de la loi n° 2013-10 du 28 décembre 2013 portant Code général des collectivités locales.

La faiblesse du poids financier local

2- Théoriquement, la dimension économique constitue un élément essentiel dans la politique de décentralisation au Sénégal. L'idée d'une décentralisation orientée vers le développement local est à l'origine de l'érection de la région en collectivité locale par la loi n° 96-06 du 22 mars 1996, la première grande loi de décentralisation au Sénégal. La nouvelle entité régionale devait être le réceptacle de la programmation du développement économique du pays[2]. Mais aujourd'hui encore, le manque de viabilité des territoires, en dépit de leurs potentialités de développement, reste un obstacle à la réussite de la politique de décentralisation[3]. Ce constat est attesté par le poids économique des collectivités locales.

3- En 2008, les recettes totales des communes représentent 1 % du PIB contre 19,4 % pour l'État[4]. Près d'une décennie après, l'ensemble des finances locales ne représentent que 1,5 % du PIB et leurs dépenses 5,1 % des dépenses de l'État. En 2016, les dépenses de l'ensemble des collectivités locales s'élèvent à 90,3 milliards de francs CFA [5] alors que les crédits ouverts au budget du ministère de l'Éducation nationale, au titre de la même année, s'élèvent à 376, 9 milliards, soit environ le quadruple.

Les causes de ce phénomène résultent essentiellement de l'effet conjugué de la faiblesse des financements étatiques et des ressources fiscales des collectivités locales. Les transferts de l'État s'élèvent, en 2016, à 9, 59 milliards de francs CFA, ce qui constitue un montant à

---

[2] Voir exposé des motifs de la loi n° 96-06 du 22 mars 1996.
[3] Voir exposé des motifs de la loi n° 2013-10 du 28 décembre 2013 portant Code général des collectivités locales.
[4] Ministère de l'Économie et des Finances, Direction de l'Appui au secteur privé, Dossier thématique n° 3. Le financement des communes du Sénégal par l'emprunt : contraintes et perspectives. Février 2011.
[5] Ministère de l'Économie, des Finances et du Plan, Introduction au Débat d'orientation budgétéire-2017, Document de Programmation Budgétaire et économique Pluriannuelle 2018-2020, Juin 2017.

peine égal à celui de l'autofinancement des collectivités locales[6]. La faiblesse des ressources fiscales découle de ce que les collectivités locales n'ont pas le pouvoir de fixer le montant de leurs impôts, faute de disposer d'un pouvoir fiscal[7]. La fiscalité locale ne peut donc être un succédané à la faiblesse des financements étatiques.

La désarticulation du cadre juridique des finances locales

4- En général, les textes en vigueur régissant les finances publiques sénégalaises posent parfois un problème de cohérence avec la réglementation budgétaire et financière édictée au niveau de l'UEMOA et qui constitue désormais l'« étage suprême » de nos institutions en la matière. Cela est dû, tantôt à la non-transposition dans les délais requis des normes communautaires, tantôt à leur transposition imparfaite. Le domaine des finances locales n'échappe pas à ce constat.

Actuellement, les deux textes de base régissant les finances locales sont la loi n° 2013-10 du 28 décembre 2013 portant Code général des collectivités locales et le décret n° 66-510 du 4 juillet 1966 portant régime financier des collectivités locales. Il faut également citer le décret n° 91-1230 du 14 novembre 1991 portant réforme des plans comptables de l'État et des collectivités locales. Au plan communautaire, la matière est régie par la Directive n° 01/2011 portant régime financier des collectivités territoriales du 24 juin 2011, y compris ses deux annexes portant, respectivement, sur la nomenclature budgétaire et la nomenclature comptable et dont l'article 2 qui y renvoie précise qu'elles en font partie intégrante.

5- Sur un point aussi sensible que celui touchant la fiscalité locale, la Directive communautaire innove par rapport à la loi du 28 décembre précitée, en posant, en son article 16, la règle selon laquelle

---

[6] Ministère de l'Économie, des Finances et du Plan, Introduction au Débat d'Orientation Budgétaire-2017- Document de Programmation Budgétaire et économique Pluriannuelle (DPBEP) 2017-2018.

[7] Voir infra, p 27.

le conseil de la collectivité locale a compétence pour fixer le taux des impôts et des taxes locaux, dans la limite du plafond déterminé par la loi. C'est une innovation de taille puisqu'elle implique que, désormais, ce sont les conseils des collectivités locales qui votent le montant des impôts et des taxes locaux. Des contradictions entre ces deux textes existent sur d'autres points aussi importants touchant l'exécution des budgets locaux comme le pouvoir de réquisition de l'ordonnateur[8] ou la nature de la période complémentaire[9]. Le même constat peut être fait entre la Directive et le décret du 4 juillet 1966 précité, notamment sur le titulaire de l'obligation de la tenue de la comptabilité des engagements[10].

Mais la Directive communautaire n'est pas encore transposée alors que le délai prévu à cet effet a expiré depuis le 31 décembre 2012. Or, on sait que passé le délai de transposition, une directive communautaire s'applique et devient obligatoire pour les États membres, en vertu de l'article 6 du Traité UEMOA du 10 janvier 1994 qui pose la règle de la primauté des actes édictés par les organes de l'Union sur les législations nationales, qu'elles soient antérieures ou postérieures. D'ailleurs, leur responsabilité peut être engagée en cas de défaillance dans la transposition, sur le fondement de la règle de « l'effet utile », ce qui est un moyen d'assurer l'application effective du droit communautaire[11].

Pour toutes ces raisons, les dispositions de la Directive UEMOA portant régime financier des collectivités territoriales seront invoquées en tant que cadre de référence premier des finances locales sénégalaises.

---

[8] Sur cette question, voir infra, p 164.
[9] Sur cette question, voir infra, p 47.
[10] Sur cette question, voir infra, p 153.
[11] Sur point, voir par exemple : Ch. Bertrand, « La responsabilité des États membres en cas de non transposition des directives communautaires », in RDP, 1994, 2, p 1507.

I. Le périmètre des finances locales

De façon générale, les finances publiques couvrent le champ des finances de l'État et des « organismes publics »[12]. Dans cette dernière catégorie, figurent les collectivités locales avec les établissements publics qui leur sont rattachés. Leurs finances constituent le périmètre des finances locales.

A. Les collectivités locales (ou collectivités territoriales)[13]

Au lendemain de l'indépendance du Sénégal, la seule catégorie de collectivité locale existante était la commune. Une deuxième catégorie apparaît à la faveur de la loi n° 72-25 du 19 avril 1972 qui crée les communautés rurales qui constituent des regroupements de villages, appartenant au même terroir, érigés en collectivités locales. Le nombre de catégories de collectivités locales passe ensuite à trois, suite à la création des régions par la loi constitutionnelle n° 94-55 du 13 juin 1994 qui, en son article 90, dispose que « Les collectivités locales de la République sont la région, la commune et la communauté rurale ». Ces dispositions sont reprises à l'article 1er de la loi n° 96-06 portant Code des collectivités locales du 22 mars 1996. La loi portant Code général des collectivités locales du 28 décembre 2013 procède à un remodelage de la cartographie locale. Elle supprime les régions et les communautés rurales tout en érigeant les départements en collectivités locales. Ainsi, les deux seuls ordres de collectivités

---

[12] Article 55 de la Directive n° 06/2009/CMU/UEMOA portant loi de finances au sein de l'UEMOA du 26 juin 2009 et article 1er du décret n° 2011-1880 portant règlement général sur la comptabilité publique du 24 novembre 2011.

[13] La loi n° 2016-10 du 5 avril 2016 modifie la Constitution du 22 janvier 2001en substituant l'expression « collectivité territoriale » à celle de « collectivité locale ». À sa suite, la loi votée le 30 mai 2018 prescrit, en son article unique, ce remplacement dans tous les actes législatifs et réglementaires. C'est un changement de pure forme et on peut noter, à cet égard, qu'en France, les deux notions sont employées indifféremment dans les circulaires et par le Conseil constitutionnel. (Voir, par ex., J. M. Pontier, « Contractualisation et libre administration » in RFDA 2018, p 201).

locales existants aujourd'hui sont constitués par les départements et les communes. Ils sont actuellement au nombre de 599.

1. Le département

6- Le département est érigé en collectivité locale, mais garde son statut de circonscription administrative, avec les mêmes limites territoriales. Il dispose de la même compétence générale que celle dévolue à l'ancienne région/collectivité locale, à savoir celle de « promouvoir le développement économique, éducatif, social, sanitaire, culturel et scientifique, pour réaliser les plans départementaux de développement et organiser l'aménagement du territoire ». Comme cette dernière également, le département ne dispose pas de fiscalité propre. En attendant la mise en œuvre de la seconde étape de l'Acte III de la décentralisation, les ressources des départements sont essentiellement constituées des transferts financiers de l'État. Actuellement, le nombre de départements est de 42.

2. La commune

Les communes, actuellement au nombre de 552, comprennent des communes de droit commun et des Villes.

a. La commune de droit commun.

7- Après la suppression des communautés rurales et des communes d'arrondissement par la loi portant CGCL du 28 décembre 2013, la commune devient le premier échelon de collectivité locale. La création d'une commune, qui est de la compétence du pouvoir réglementaire, ne peut être décidée, d'après l'article 72 de la loi portant CGC du 28 décembre 2013, que si la localité atteint un niveau de développement de nature à lui assurer des ressources propres lui permettant d'équilibrer son budget.

b. La Ville

8- La Ville est un regroupement de communes prévu par l'article 167 de la loi portant CGCL du 28 décembre 2013. Elle est créée par décret pour mutualiser les compétences des différentes communes qui la composent. Elle a le statut de commune, ce qui la distingue des autres formes d'intercommunalité comme les ententes intercommunales prévues à l'article 16. Celles-ci reposent sur des conventions et n'ont, ni personnalité morale, ni autonomie budgétaire. La Ville se distingue également de la « Communauté urbaine », telle qu'elle existe dans la loi du 22 mars 1996. C'est un regroupement de communes, créé par délibérations des assemblées municipales des communes intéressées et qui, de surcroît, n'a pas de fiscalité propre. La « Ville », sous l'empire de la loi du 22 mars 1996, résulte de la division d'une grande commune en communes d'arrondissements. Elle procède, sous sa version actuelle, d'un regroupement de communes présentant une homogénéité territoriale. En tant que commune, elle a un budget propre avec des recettes et des dépenses de même nature que celles que la loi prévoit pour la commune de droit commun.

Le décret n° 2014-830 du 30 juin 2014 crée les cinq villes que sont Dakar, Guédiawaye, Pikine, Rufisque et Thiès. Les communes qui forment chaque Ville contribuent au financement du budget de cette dernière.

B. Les établissements publics locaux

9- L'établissement public procède de l'autonomisation d'un service public. Ainsi, pour la gestion de services publics locaux, les collectivités locales ont la possibilité, conformément aux dispositions de l'article 236 de la loi du 28 décembre 2013, de créer des établissements publics locaux. L'article 39 prévoit que les départements d'une même région, qui est une circonscription administrative, peuvent instituer en commun avec les communes, une

Agence Régionale de Développement (ARD). Le représentant de l'État, ou son représentant, assiste de droit aux réunions du conseil d'administration. La loi elle-même peut créer une ARD et lui conférer le statut d'établissement public. L'établissement public dispose d'organes et d'un budget propres distincts de ceux de la commune à laquelle il est rattaché.

Il convient de préciser que pour la détermination du périmètre des finances locales au sens de l'UEMOA, il faut exclure les organismes locaux dont le financement ne repose pas principalement sur des prélèvements obligatoires. Il en est ainsi des établissements publics locaux à caractère industriel et commercial. Il en est de même de la participation des collectivités locales à des organismes de droit privé pour promouvoir leur développement économique. C'est le cas, notamment, des sociétés d'économie mixte auxquelles les collectivités locales peuvent recourir par délibération de leurs conseils et en vertu des dispositions des articles 236 et suivants de la loi du 28 décembre 2013.

II. L'autonomie financière des collectivités locales

L'autonomie des finances locales est un aspect essentiel de l'autonomie locale. Elle suppose l'existence de recettes et de dépenses locales. Elle pose deux problèmes essentiels : celui de ses fondements juridiques et celui de ses limites.

A. Les fondements juridiques de l'autonomie financière des collectivités locales

C'est dans la Constitution qu'il faut rechercher le fondement initial de l'autonomie financière des collectivités locales. Cependant, à l'analyse, il apparaît que cet ancrage constitutionnel se présente plutôt comme hypothétique, faute d'une formulation explicite de cette autonomie. Dès lors, c'est dans la loi qu'il faut chercher les garanties à l'autonomie financière des collectivités locales puisque c'est à elle que la Constitution renvoie pour fixer ses conditions de mise en œuvre.

1. L'hypothétique ancrage constitutionnel de l'autonomie financière des collectivités locales

10- En droit sénégalais, l'expression « autonomie financière », s'agissant des collectivités locales, ne figure dans aucun des différents textes constitutionnels en vigueur jusqu'ici au Sénégal. Dans la Constitution du 24 janvier 1959, la première dont le Sénégal s'est doté à l'époque où il formait une fédération avec le Mali, on relève que l'expression « collectivité locale » n'y est pas mentionnée. Toutefois, elle fait référence, à son article 35, aux « Collectivités publiques » dont la loi détermine les principes fondamentaux de leur libre administration. L'article 45 réaffirme ce principe de la libre administration « des Collectivités publiques de la République », en précisant également que c'est « dans les conditions prévues par la loi ».

L'expression « collectivité locale » apparaît, pour la première fois, dans la loi n° 60-045 AN du 26 août 1960 qui modifie la Constitution du 24 janvier 1959. Dans son préambule, elle énonce « le respect et la garantie intangibles (...) des droits et des libertés (...) des collectivités locales » et reprend, à son article 39, le principe de la libre administration des collectivités locales, avec la même réserve de compétence en faveur du législateur. Ces mêmes dispositions du préambule et de l'article 39 sont reprises, respectivement, dans le préambule et dans l'article 56 de la Constitution du 7 mars 1963.

La loi n° 94-55 du 13 juin 1994 innove en introduisant dans le texte constitutionnel un titre XI intitulé « Des collectivités locales », dont l'article 90, article unique, définit les différentes catégories de collectivités locales, à savoir la région, qui est une nouvelle création, la commune et la communauté rurale. Le même article 90 rappelle le principe de la libre administration des collectivités locales, « par des conseils élus », « dans le respect des lois et règlements ». L'actuelle Constitution du 22 janvier 2001, modifiée, comporte un titre XI intitulé « Des collectivités locales » sans préciser les différentes catégories. Toutefois, dans la lignée des constitutions antérieures, elle dispose, en son article 67, que « La loi détermine les principes fondamentaux (…) de la libre administration des collectivités locales, de leurs compétences et de leurs ressources. »

On voit ainsi que le principe de la libre administration des collectivités locales est une constante dans l'histoire constitutionnelle du Sénégal et que le constituant y attache une importance certaine. De ce point de vue, l'idée d'un ancrage constitutionnel de l'autonomie des finances locales ne peut s'appuyer que sur une interprétation extensive de ce principe constitutionnel de libre administration. À cet égard, il s'agit d'affirmer que l'autonomie financière des collectivités locales est le corollaire indispensable du principe de leur libre administration car celui-ci resterait sans véritable contenu si les collectivités locales ne disposaient pas de moyens matériels et financiers nécessaires à l'accomplissement de leur mission.

11- La fragilité de l'ancrage constitutionnel de l'autonomie financière des collectivités locales peut se mesurer à l'aune des solutions qu'offre, par exemple, le droit français où c'est la Constitution, en son article 72-2, qui pose le principe selon lequel les ressources fiscales et les autres ressources propres des collectivités territoriales doivent constituer une part déterminante de l'ensemble de leurs ressources et renvoie à une loi organique pour en fixer les conditions de mise en œuvre. C'est tout le contraire de la Constitution sénégalaise qui ne comporte aucune règle substantielle garantissant l'autonomie financière des collectivités locales et qui, de surcroît, renvoie à la loi ordinaire pour en fixer les conditions.

2. Les garanties législatives de l'autonomie financière des collectivités locales

Avant même les grandes lois de décentralisation de 1996, diverses mesures sont progressivement prises par le législateur pour garantir l'autonomie financière des collectivités locales.

12- La première réforme notable en ce sens consiste à doter les collectivités locales d'une fiscalité propre. Jusque-là, elles ne recevaient que des quotes-parts d'impôts directs perçus au profit de l'État. C'est ainsi que la loi n° 65-06 du 26 janvier 1965 avait prévu et fixé en son article 1er, la portion des impôts directs perçus pour le compte de l'État à verser aux communes, les seules collectivités locales existantes à l'époque. Il s'agit de ristournes d'impôts qui, de ce fait, ne garantissent pas l'autonomie financière des collectivités locales. La loi de finances pour 1976-1977 opère un transfert de fiscalité en disposant, en son article 17, qu'à partir du 1er janvier 1977, l'impôt du minimum fiscal, ainsi que la taxe représentative de cet impôt, la contribution des patentes et la taxe complémentaire y afférente, ainsi que la contribution des licences, sont perçus au profit des collectivités locales constituées des communes et des communautés rurales.

13- Une autre réforme majeure est intervenue dans la gestion des communautés rurales. Quand elles sont créées par la loi n° 72-25 du 19 avril 1972, leur gestion est confiée aux sous-préfets, représentants de l'État, qui sont ordonnateurs de leurs budgets et qui présentent les comptes administratifs devant les conseils ruraux. C'est la loi n° 90-37 du 8 octobre 1990 qui modifie la loi du 19 avril 1972 en y introduisant un nouvel article 56 qui fait du président du conseil rural l'ordonnateur du budget de la communauté rurale.

14- Les garanties apportées par le législateur dans les lois de décentralisation de 1996 s'appliquent, au premier chef, aux transferts de compétences de l'État aux collectivités locales. Ces transferts portent sur neuf domaines énumérés aux chapitres I à IX du titre II de la loi du 28 décembre 2013. Il s'agit de la gestion et de l'utilisation du domaine privé de l'État, du domaine public et du domaine national ; de l'environnement et de la gestion des ressources naturelles ; de la santé ; de la population et de l'action sociale ; de la jeunesse, des sports et des loisirs ; de la culture ; de l'éducation, de l'alphabétisation, de la promotion des langues nationales et de la formation professionnelle ; de la planification ;de l'aménagement du territoire ; de l'urbanisme et de l'habitat. Chacun de ces domaines fait l'objet d'une répartition des compétences qui distingue celles qui sont dévolues à chaque catégorie de collectivités locales.

15- Il est prévu une compensation financière des charges résultant des transferts de compétences par des principes qui tendent à garantir la neutralité de ces transferts tant sur le budget de l'État que sur celui des collectivités locales. Ces principes sont ceux de la concomitance et de l'équivalence, énoncés à l'article 4 et explicités à l'article 320 de la loi portant CGCL précitée. Le principe de concomitance signifie que le transfert d'une compétence doit être accompagné du transfert des ressources et moyens nécessaires à l'exercice normal des charges qui en résultent. Autrement dit, il doit y avoir une simultanéité des transferts de compétences et de ressources. Le principe d'équivalence signifie que le transfert d'une compétence doit s'accompagner de l'attribution de ressources au moins équivalentes aux dépenses effectuées par l'État avant le transfert. Les dépenses sont évaluées préalablement aux transferts, la référence étant le montant des dépenses correspondantes effectuées par l'État pendant l'année précédant la date du transfert. Les ressources de compensation sont constituées de transferts de fiscalité et/ou de dotations.

Il va sans dire que ces principes s'appliquent aux transferts de charges entre l'État et les collectivités locales mais non entre collectivités. Il n'est pas inutile de le préciser car dans une affaire jugée par la Cour suprême, le requérant demande l'annulation de l'arrêté pris par un gouverneur, à la suite de la modification d'une collectivité locale, pour répartir son personnel permanent entre différentes autres collectivités locales. Son argument est qu'il n'est pas accompagné de moyens financiers nécessaires à la réalisation des objectifs assignés aux collectivités locales, alors que des crédits ne sont pas prévus dans le budget de sa commune pour faire face aux charges induites par la dévolution de personnel[14].

Pour la mise en œuvre des transferts de compétences entre l'État et les collectivités locales, une fois que le transfert et ses modalités sont décidés par une loi ordinaire, un décret intervient pour déterminer, notamment, les dates et modalités du transfert effectif des services de l'État. Il appartient à la loi de finances de fixer le montant de la compensation financière, calculé sur la base des modalités d'évaluation fixées par le décret pris en application de la loi ordinaire qui prévoit le transfert. Il peut arriver que le transfert de compétences intervienne en cours d'année. Dans ce cas, le montant de la compensation financière est fixé par une loi de finances rectificative. Il reviendra à la loi de finances initiale à venir de le pérenniser, en année pleine.

16- Le système de compensation des transferts de compétence présente quelques insuffisances. Concernant l'évaluation préalable des charges à transférer, la référence pourrait être, non pas l'année précédant la date du transfert, mais la date du transfert elle-même, pour tenir compte de l'évolution éventuelle du montant des charges. Sur le choix des ressources devant compenser les charges à transférer, l'article 323 indique qu'il s'agit de dotations budgétaires. Des ressources de compensation provenant d'impôts d'État, sous forme d'impôt partagé ou de transfert d'impôt, garantiraient mieux l'autonomie financière des collectivités locales. L'exercice d'une

[14] Affaire N° 08 du 27 février 2014, Thiédel Diallo c/ Etat du Sénégal.

compétence doit impliquer la perception directe des recettes nécessaires à son exercice[15].

Par ailleurs, la pratique révèle que le montant effectif de la compensation n'est pas toujours à la hauteur des charges transférées. Ainsi, pour les neuf domaines de compétences transférées dans le cadre de la loi n° 96-07 du 22 mars 1996 relative aux transferts de compétences, seulement 62 % du montant arrêté avait fait l'objet de répartition[16]. Pour toutes ces raisons, il y a lieu d'instituer un mécanisme de contrôle du respect du principe d'équivalence.

17- L'autonomie financière des collectivités locales est également garantie par le législateur dans les relations entre les collectivités locales. Selon l'article 15 de la loi portant CGCL du 28 décembre 2013, les collectivités locales étant d'égale dignité, aucune d'elles ne peut établir ou exercer de tutelle sur une autre. Cette prohibition est posée parce que l'article 16 prévoit la liberté pour les collectivités locales de nouer des relations de coopération entre elles.

B. Les limites de l'autonomie financière des collectivités locales

En l'absence de garanties constitutionnelles de l'autonomie financière des collectivités locales, le législateur jouit d'une grande liberté pour fixer les contours de celle-ci. Puisque le législateur n'est pas lié par ses propres règles, il n'y a que le Conseil constitutionnel pour lui fixer « une ligne rouge » qui constitue, pour ainsi dire, une limite aux limites qu'il entend assigner à l'autonomie financière des collectivités locales. Cela dit, au plan national, l'autonomie financière des collectivités locales connaît depuis toujours, et pour l'essentiel, les

[15] Voir les commentaires sur l'avis n° 2000-329 du 26 octobre 2000 de la Chambre régionale des comptes de Rhône-Alpes in Revue du Trésor, Février 2000, n° 2, p 103.

[16] Voir l'étude conjointe « Sénégal : décentralisation fiscale et finances des collectivités locales », réalisée par un cabinet privé (CABEX et autres) commis par le ministère chargé des Finances en mars 1997.

mêmes contraintes. De nouvelles contraintes sont apparues résultant des exigences de la construction de l'UEMOA.

1. Les limites traditionnelles d'ordre national

Une double hypothèque pèse sur l'autonomie financière des collectivités locales. La première est d'ordre juridique et la seconde d'ordre technico-humain.

a. L'hypothèque juridique

18- C'est après avoir rappelé l'impératif qui s'attache au respect de l'unité nationale et de l'intégrité du territoire, que l'article premier de la loi du 28 décembre 2013 portant Code général des collectivités locales énonce le principe de l'autonomie financière des collectivités locales. Cet impératif apparaît ainsi comme la limite générale de cette autonomie financière. C'est parce que si la décentralisation est le cadre d'une nouvelle légitimité politique fondée sur la confiance des administrés[17], les collectivités locales ne sont pas, pour autant, des entités indépendantes. Aussi bien, font-elles l'objet d'un contrôle confié aux représentants de l'État qui sont placés auprès d'elles.

Du point de vue financier, trois facteurs constituent des limites sérieuses à l'autonomie des collectivités locales. Il s'agit, sur un plan général, du maintien de la tutelle sur leurs actes à caractère budgétaire et financier, de l'absence de maîtrise réelle de leurs ressources et des restrictions qui frappent leur pouvoir de dépenser.

a.1. Le maintien de la tutelle en matière financière

19- Le nombre et la nature des contrôles constituent des éléments clés pour mesurer le degré d'autonomie d'une collectivité. En matière de contrôle des actes des collectivités locales, le législateur supprime

---

[17] A. Hacquet, « Légitimité démocratique et valeur constitutionnelle de la libre administration locale », Droit prospectif, 1998, 2, p 559.

le contrôle d'opportunité *a priori* exercé par les représentants de l'État sur les délibérations des assemblées locales. Conformément aux dispositions de l'article 3 alinéa 5 de la loi du 22 mars 1996, reprises par celles de l'article 3 alinéa 2 de la loi du 28 décembre 2013, les collectivités locales sont désormais jugent de l'opportunité de leurs décisions.

Cependant, si le principe est maintenant le contrôle de légalité *a postériori*, les actes des collectivités locales pris en matière budgétaire font partie de ceux, limitativement énumérés, que l'article 245 de la loi portant CGCL du 28 décembre 2013 maintient sous le régime de l'approbation par les représentants de l'État. Autrement dit, ils ne deviennent exécutoires qu'après leur approbation par les représentants de l'État que sont les préfets concernant les départements, les villes et les communes chefs-lieux de département, et les sous-préfets pour les autres communes.

20- Parmi les actes des collectivités locales soumis à approbation préalable du représentant de l'État, il faut citer en premier lieu le budget. C'est une dérogation notable car le budget d'une collectivité locale, comme celui de l'État, avant d'être un acte juridique, est un acte politique du fait qu'il constitue l'expression financière des interventions que les autorités locales entendent mettre en œuvre dans les domaines économique et social au cours de l'année à laquelle il s'applique.

Les autres actes à caractère financier ou à incidence financière soumis au contrôle *a priori* du représentant de l'État sont :

- « les emprunts et garanties d'emprunts ;
- les conventions financières de coopération internationale comportant des engagements d'un montant fixé par décret ;
- les garanties et prises de participation dans des sociétés privées exerçant des activités d'intérêt général à participation publique ;

- les marchés supérieurs à un montant fixé par décret et les contrats de concession d'une durée supérieure à trente ans ».

a.2. L'absence de maîtrise réelle de leurs ressources par les collectivités locales.

L'enjeu majeur de l'autonomie financière des collectivités locales tourne autour de la question des ressources. Il ne sert à rien de disposer d'un pouvoir important en matière de dépenses si, parallèlement, on n'a pas une maîtrise suffisante des ressources devant les financer. Tel est le cas pour les collectivités locales dont l'autonomie financière est limitée par deux séries de considérations. D'une part, elles ne disposent pas de pouvoir en matière fiscale, d'autre part, elles ne gèrent pas elles-mêmes leurs propres avoirs.

a.2.1. Les collectivités locales n'ont pas de pouvoir fiscal

21- C'est le principe de la légalité de l'impôt qui explique que les collectivités locales ne disposent pas d'un pouvoir de décision en matière fiscale. Il convient, après l'avoir rappelé, d'analyser les atténuations qui lui sont apportées et ses implications sur l'autonomie des collectivités locales.

a.2.1.1. La justification et les aménagements au principe de la légalité de l'impôt

a.2.1.1.1. La justification du principe de la légalité fiscale

Il est admis que les ressources des collectivités locales doivent essentiellement être de nature fiscale pour une garantie efficace de leur autonomie financière. Or, si les collectivités disposent d'une fiscalité propre, elles n'ont pas, en revanche, de pouvoir fiscal.

22- Le principe de la légalité fiscale est posé à l'article 67 alinéa 2-5 de la Constitution du 22 janvier 2001, modifiée, dans les termes suivants : « La loi fixe les règles concernant (…) l'assiette, le taux et les modalités de recouvrement des impositions de toutes natures ». Il convient de préciser que la notion d'« impositions de toutes natures » renvoie à celle de « ressources fiscales ». Le principe de la légalité fiscale est appliqué au plan local par les articles 185-a et 195-a de la loi du 28 décembre 2013 portant CGCL qui, reprenant les dispositions antérieures prévues dans la loi du 22 mars 1996, disposent que « Les modalités d'assiette et de perception, ainsi que les taux (des impôts locaux) sont déterminés par la loi ». C'est dire que les collectivités locales ne peuvent ni créer, ni modifier, ni supprimer un impôt. Elles n'ont que la faculté de recourir à des impôts que l'État crée ou à des impôts qu'il leur affecte ou qu'il partage avec elles.

a.2.1.1.2.Les aménagements au principe de la légalité fiscale

23- La loi du 22 mars 1996 avait donné aux communes le pouvoir de créer, par des délibérations de leurs conseils, les taxes directes et indirectes dont la liste est fixée par l'article 250. Mais il revient à la loi d'en déterminer les taux maxima. Dans ce domaine, la loi portant CGCL du 28 décembre 2013 est plus restrictive puisque les collectivités locales n'ont plus la faculté de créer ces impositions, mais uniquement celle de fixer leurs taux dans les maxima fixés par la loi, conformément aux articles 185-d et 195-g. Il s'agit de la taxe d'enlèvement des ordures ménagères et de la taxe sur les distributions de carburant, pour la Ville, et d'une liste de dix — sept taxes directes et indirectes pour les communes.

Il s'y ajoute que les dispositions précitées de la loi du 28 décembre 2013 ne sont pas conformes à la Directive UEMOA portant régime financier des collectivités territoriales du 24 juin 2011 dans la mesure où celle-ci, en son article 16, donne le pouvoir aux collectivités territoriales de voter, dans la limite du plafond fixé par la loi, les taux des impôts et des taxes, autrement dit de l'ensemble des impositions locales.

a.2.1.2. L'impact négatif du principe de la légalité fiscale sur l'autonomie financière des collectivités locales

a.2.1.2.1. Sur la décision fiscale

24- Pour atteindre les objectifs définis dans le cadre de sa politique économique et sociale, l'État dispose de plusieurs instruments. Ainsi, utilise-t-il la fiscalité pour attirer les entreprises et les investisseurs privés, en leur octroyant des avantages. C'est le cas lorsqu'il veut favoriser le développement des territoires économiquement en retard. Ces avantages peuvent consister en des exonérations ou des dégrèvements.

Les exonérations résultent de dispositions législatives et ont pour effet de placer le contribuable hors du champ d'application de la loi fiscale. C'est dire qu'il ne figure pas sur le rôle d'imposition. Avec les dégrèvements, le contribuable bénéficie d'une restitution de tout ou partie d'une imposition qui est à sa charge. Dès lors, il continue de figurer sur le rôle d'imposition. Ce sont les dégrèvements législatifs qui sont ici en cause car il s'agit de restitutions d'impôts prévues par un texte législatif, et non celles qui résultent de réclamations présentées par le contribuable qui constate une erreur d'imposition.

25- Les avantages fiscaux accordés aux entreprises entraînent des pertes de recettes fiscales pour les collectivités locales sur le territoire desquelles elles sont implantées. Il en est ainsi des collectivités locales de la région de Casamance du fait de la loi n° 2015-13 du 3 juillet 2015 portant statut spécial des entreprises touristiques installées en Casamance qui, en son article 8, exonèrent les entreprises touristiques de tous les grands impôts directs des collectivités locales, en l'occurrence la contribution des patentes, la Contribution sur les propriétés bâties, la Contribution foncière sur les propriétés non bâties, la Contribution des licences et l'impôt du minimum fiscal.

Les manques à gagner causés aux collectivités locales par des allégements de la fiscalité locale ne sont pas compensés par des reversements de l'État. Or, si l'on prend l'exemple des exonérations à la contribution foncière sur les propriétés bâties dont bénéficient les entreprises minières, elles connaissent une progression qui est même supérieure à celle des recettes fiscales, soit 19,7 % contre 4,59 %[18]. D'ailleurs, la Commission de l'UEMOA recommande de mettre fin à tous les allégements fiscaux qui leur sont accordés en phase de production[19].

a.2.1.2.2.Sur la gestion de la fiscalité locale

26- Si on quitte le terrain des décisions pour celui de la gestion de la fiscalité locale, on y constate également une situation qui constitue une limitation de l'autonomie financière des collectivités locales. En effet, tout le processus de gestion de leurs recettes fiscales est assuré, non pas par les collectivités locales elles-mêmes, mais par les services de l'État.

C'est la Direction générale des Impôts et des Domaines qui effectue les opérations d'assiette, de liquidation et d'émission des rôles des impositions. Comme l'établissement de l'assiette nécessite un travail de terrain qui consiste à recenser et à évaluer la matière imposable, sa centralisation excessive ne peut qu'entraîner des pertes de ressources pour les collectivités locales. À cela s'ajoute la parution tardive des rôles d'impôts.

Quant au recouvrement des impôts locaux, les opérations sont effectuées par la Direction générale de la Comptabilité publique et du Trésor, conformément aux dispositions de l'article 42 du décret n° 2013-736 portant organisation du ministère chargé des Finances, sauf

---

[18] Rapport général de la Commission de l'Économie générale, des Finances, du Plan et de la Coopération économique sur le projet de loi de finances pour 2014.

[19] UEMOA- La Commission, Dossier pour avis. Note d'étape sur la mobilisation des recettes fiscales dans les États membres (non datée).

pour ceux dont le recouvrement est confié à d'autres comptables. Ce sont donc des comptables du Trésor qui font office de comptables des collectivités locales. L'un des inconvénients de ce cumul de fonctions dans la gestion comptable des collectivités locales est le retard dans la production de leurs comptes de gestion. Les comptables l'expliquent par les ordres reçus de leur hiérarchie de donner la priorité à l'établissement des comptes de gestion de l'État. C'est pour pallier cet inconvénient que le décret n° 2003-995 du 31 décembre 2003 crée à Ziguinchor un poste comptable décentralisé dénommé « Recette-Perception Municipale » chargé de l'exécution des opérations du budget de la commune de Ziguinchor. Ce n'est que de façon éventuelle qu'il peut être chargé de l'exécution de celles du budget de l'État.

a.2.2. Les collectivités locales ne gèrent pas leurs propres avoirs

27- Les collectivités locales ont, en vertu de leur autonomie financière, des avoirs propres. Cependant, en raison du principe de l'unité de trésorerie, ces avoirs sont obligatoirement versés dans un compte de dépôt au Trésor qui, pour sa part, dispose d'un compte courant à la BCEAO. L'unité de trésorerie se distingue de l'unité de caisse en ce que celle-ci opère au plan local et signifie qu'un poste comptable ne peut, en principe, disposer que d'une seule caisse, d'un seul compte courant bancaire ou postal, même s'il a en charge la gestion de plusieurs organismes publics. Quant à l'unité de trésorerie qui s'applique au plan national, elle implique que tous les fonds publics sont déposés dans ce compte unique ouvert à la BCEAO. C'est un compte géré par le Trésorier général qui est un comptable supérieur de l'État[20].

Les fonds qui sont visés sont les fonds libres, donc inemployés, des collectivités locales et de leurs établissements publics, constitués

[20] Voir les articles 29 de la Directive portant de lois de finances du 26 juin 2009, 57 et 58 de la Directive portant RGCP du 26 juin 2009 et 29 de la LOLF du 8 juillet 2011.

d'excédents budgétaires c'est-à-dire du surplus des recettes sur les dépenses exécutées. Le corollaire de cette obligation pour les collectivités locales est l'interdiction des prêts et avances de trésorerie[21]. La Directive RGCP du 26 juin 2009 prévoit que des dérogations à l'unité de trésorerie peuvent être apportées par le ministre chargé des Finances, permettant l'ouverture de comptes sur le territoire national. Elles concernent les fonds mobilisés dans le cadre de conventions de financement conclues avec des bailleurs de fonds et tous autres fonds pour lesquels il n'existe pas dans la localité une agence de la BCEAO pour y être déposés.

D'autres dérogations peuvent être prévues par les législations nationales, conformément à la Directive UEMOA portant régime financier des collectivités territoriales du 24 juin 2011. À cet égard, le décret n° 66-510 du 4 juillet 1966 portant régime financier des collectivités locales prévoit, en son article 48, comme dérogations, outre les fonds provenant d'excédents de gestions antérieures, ceux provenant de libéralités, du produit de l'aliénation d'un élément du patrimoine et d'emprunts momentanément inutilisés. Ils peuvent être placés en valeurs du Trésor à court terme, en valeurs d'État ou en valeurs garanties par l'État.

28- Plusieurs raisons sont avancées pour justifier l'obligation de dépôt des trésoreries excédentaires au Trésor. Il y a la nécessité de sécuriser les fonds publics, de faire participer les collectivités locales au financement de l'État[22] ou d'assurer un contrôle du pouvoir central sur les collectivités locales[23]. L'inconvénient qu'elle présente est que les dépôts ne sont pas rémunérés, c'est-à-dire que, comme l'indique l'alinéa premier de l'article 48 du décret du 4 juillet 1966 précité, ils ne sont pas productifs d'intérêts. C'est dire qu'ils ne peuvent pas être

---

[21] M. Viviano, « Le principe de l'unité de trésorerie devant le juge des comptes. » La Revue du Trésor, n° 5, mai 2001, p265.
[22] Voir Finances publiques, Les Notices, p 51.
[23] L. Saidj, « Le cadre juridique de l'unité de trésorerie entre l'État et les collectivités locales.», RFFP, 1990, (3o), p29.

fructifiés par les collectivités locales, par des placements libres. C'est la raison pour laquelle elle peut pousser des collectivités locales à la contourner, en recourant à des emprunts à court terme pour utiliser leurs fonds libres à leur remboursement.

a.3. Les limites au pouvoir de dépenser des collectivités locales

29- En matière de dépenses, l'autonomie financière confère normalement aux collectivités locales le pouvoir de les choisir, de les décider et de les exécuter. Cette liberté emporte plusieurs conséquences. Ainsi, l'État ou un établissement public national, ne peuvent directement ou indirectement, mettre à la charge d'une collectivité locale une quelconque dépense, hors les cas prévus par la loi. De même, puisqu'elles sont d'égale dignité, la loi prohibe toute tutelle entre collectivités locales. En outre, les collectivités locales choisissent librement entre les modes de gestion qui peuvent être directs ou, sous leur contrôle, contractuels, voire partenariaux. Toutefois, le pouvoir de dépenser des collectivités locales est limité dans le choix des dépenses et dans l'exécution de leurs dépenses d'investissement.

a.3.1. La limite tenant au choix des dépenses

30- Dans le choix des dépenses, la limite apportée au pouvoir de dépenser des collectivités locales consiste pour le législateur à prévoir des catégories de « dépenses obligatoires », c'est-à-dire des dépenses qui doivent obligatoirement être inscrites au budget des collectivités locales. L'article 201 de la loi portant CGCL du 28 décembre 2013 qui les prévoit les oppose aux « dépenses facultatives ». Les dépenses obligatoires, qui concernent surtout les dépenses de fonctionnement, font l'objet d'une liste de dix-huit éléments dont les traitements et salaires du personnel titulaire, les pensions et rentes, l'acquittement des dettes exigibles et les frais de justice. Elles peuvent être imposées à toutes les collectivités locales ou à certaines d'entre elles.

Il faut relever que des dépenses facultatives peuvent devenir obligatoires dans certains cas. Il en est ainsi lorsque les collectivités locales décident de créer un service public ou de fixer un programme de développement. Elles ont alors l'obligation d'inscrire à leur budget les dépenses correspondantes. De même, présentent un caractère obligatoire, les dépenses résultant de transferts de compétences de l'État vers les collectivités locales.

Par ailleurs, dès lors que la loi prévoit l'existence de dépenses obligatoire, elle en tire des conséquences juridiques. Il s'agit, le cas échéant, de leur inscription ou leur mandatement d'office par les représentants de l'État dans les collectivités locales[24].

a.3.2. La limite tenant aux procédures d'exécution des dépenses d'investissement

31- La plupart des programmes d'investissement des collectivités locales ne sont pas exécutés en maîtrise d'ouvrage directe. C'est qu'en général, elles n'ont pas la capacité d'élaborer seules des programmes d'investissement. Ces dépenses, accordées sous forme de fonds de concours, sont exécutées par l'État, par le biais de son opérateur qui est l'Agence d'Exécution des Travaux d'Intérêt Public (AGETIP) dont la phase II comporte le financement de travaux pour les communes. Ce financement est constitué d'une contribution des communes représentant au moins 10 % du projet et d'un appui de l'Agence, sous forme de subvention, de 90 % du projet. Par convention, la commune signataire s'engage à reconnaître l'Agence comme maître d'ouvrage délégué.

La convention de maîtrise d'ouvrage a pour objet de confier au délégataire la conception et la direction de l'opération. Elle emporte l'exercice, au nom et pour le compte du maître d'ouvrage initial, l'exercice par le délégataire de certaines attributions. Il s'agit,

[24] Voir infra, pages 141 et 183.

notamment, du choix de l'entrepreneur, de la signature du contrat de travaux et du paiement de l'entrepreneur. Il est de principe qu'en matière de convention de mandat de maîtrise d'ouvrage, l'entreprise mandataire est tenue de se conformer aux règles qui s'imposent au maître d'ouvrage public. Elle a, notamment, l'obligation de passer un marché quand le seuil prévu par la réglementation est dépassé. De même, les contrats signés avec les tiers doivent être soumis au contrôle de légalité, faute de quoi ils sont réputés non exécutoires.

b. L'hypothèque technico-humaine

Les collectivités locales disposent, comme le prévoient respectivement les articles 11 et 12 de la loi portant CGCL du 28 décembre 2013, de leurs propres services et de leurs propres personnels. De tels moyens sont nécessaires pour qu'elles puissent, en toute autonomie, exécuter leurs missions qui leur sont dévolues. À cet égard, cette autonomie est hypothéquée par un certain nombre de facteurs que l'on essaie de surmonter.

b.1. Les facteurs

32- Pour une gestion efficace des collectivités locales, il faut des ressources humaines de qualité. Mais le premier handicap, à ce propos, tient au fait que la plupart des élus locaux ne savent pas lire et écrire en français qui est pourtant la langue officielle. On évalue à seulement 51 % le nombre d'élus locaux qui ont cette capacité[25]. L'obligation de savoir lire et écrire en français est prévue, mais seulement pour les membres des bureaux des conseils des collectivités locales, en raison des responsabilités qui leur sont dévolues[26].

---

[25] Voir République du Sénégal-Secrétariat général de la Présidence de la République-Délégation à la Réforme de l'État et à l'Assistance Technique-Programme national de bonne gouvernance, Rapport national sur la gouvernance du Sénégal, 2011.

[26] Voir articles 31 et 92 de la loi du 28 décembre 2013 portant CGCL, respectivement pour le département et la commune.

Ainsi, rares sont les élus locaux qui sont au fait des questions relatives à la gestion budgétaire et comptable des collectivités locales. Cette minorité est essentiellement composée par les élus qui comptent plusieurs mandats, ce qui les familiarise avec la gestion de leurs collectivités locales. Cela explique, notamment, que dans la plupart des collectivités locales, le compte administratif de l'ordonnateur n'est qu'une copie du compte de gestion du comptable[27]. La sincérité des comptes de la collectivité locale est ainsi sujette à caution, puisque le rapprochement de la comptabilité de l'ordonnateur avec celle du comptable perd tout son intérêt.

b.2. Les solutions

33- L'État essaie de remédier au manque de savoirs et de compétences au sein des collectivités locales en inscrivant le renforcement de leurs capacités dans les missions assignées à certaines structures de développement local qu'il a créées. C'est le cas, par exemple, des Agences Régionales de Développement (ARD), créées par la loi du 22 mars 1996 portant Code des collectivités locales qui, en son article 37, leur assigne comme mission générale, celle qui consiste à leur apporter de façon gratuite une assistance dans tous les domaines liés au développement local. Le décret n° 2008-517 du 20 mai 2008 qui régit leur organisation et leur fonctionnement précise, en son article 2, qu'il s'agit de fournir aux collectivités locales de chaque région une formation en matière de planification du développement, de mise en cohérence des interventions entre collectivités locales d'une même région et de suivi évaluation des programmes et plans d'action du développement local.

Aujourd'hui, les actions des ARD et des autres structures, comme l'Agence de Développement Local (ADL), créée par le décret n° 2010-995 du 2 août 2010, s'inscrivent dans le cadre du Programme National de Développement Local (PNDL) dont elles servent de

---

[27] M.T.C. Doucouré, « La confection du compte administratif » in Journées d'études sur la Cour des Comptes, Dakar, 15-18 novembre 1999.

relais. Le PNDL met en place des stratégies pour l'accompagnement dans la maîtrise d'ouvrage locale, l'information et la formation des élus sur le cadre juridique de la décentralisation et sur les processus de planification, de gestion et de suivi des actions de développement.

34- La loi du 28 décembre 2013 portant CGCL prévoit, en son article 12, des mesures destinées au renforcement des capacités des élus et des personnels des collectivités locales. Pour les élus locaux, c'est le droit à une formation adaptée à leurs fonctions. Pour les personnels des collectivités locales, il est prévu de les doter d'un statut fixé par la loi, comme l'ont été les fonctionnaires des communes avec la loi n° 69-54 du 16 juillet 1969 relative au statut des fonctionnaires des communes, adoptée quand celles-ci constituaient l'unique catégorie de collectivités locales.

Par la suite et en application de l'article 10 de la loi du 22 mars 1996 qui prévoyait la même mesure pour les personnels de l'ensemble des collectivités locales, sera adoptée la loi n° 2011-08 du 30 mars 2011 relative au statut général des fonctionnaires des collectivités locales. Elles comportent, notamment, des dispositions qui lient la nomination à un emploi dans le cadre de l'administration d'une collectivité locale à des diplômes et des titres requis (article 21), prévoient la publication des actes de nomination (article 25), la détermination des critères qui s'imposent au supérieur hiérarchique direct dans son pouvoir d'évaluation des agents, et l'institution d'une commission administrative paritaire chargée d'apprécier leurs droits à l'avancement (article 32).

Ce sont des mesures salutaires qui doivent connaître une application effective pour que les recrutements dans les collectivités locales ne soient plus des prétextes pour caser de la clientèle politique. Cette pratique est d'autant plus préoccupante que, pour l'exercice 2016 par exemple, les dépenses de personnel des collectivités locales représentent 34 % des dépenses de fonctionnement, soit une augmentation de 9,78 % par rapport à l'exercice 2015[28]. Malgré tout, cette loi sur le statut général des fonctionnaires locaux, votée depuis 2011, n'est pas appliquée jusqu'ici.

Mais force est de reconnaître qu'avec ce problème de manque de personnels qualifiés auquel sont confrontées les collectivités locales, c'est la quadrature du cercle. En effet, si la capacité de gestion des collectivités locales est subordonnée à l'existence de personnels suffisants et dotés des compétences requises, leur recrutement exige des moyens financiers qui, en général, leur font défaut.

2. Les limites de l'autonomie financière des collectivités locales résultant des exigences de la construction de l'UEMOA

35- Du fait que le Sénégal est membre de l'UEMOA qui est une organisation d'intégration économique, le législateur est amené à adopter des mesures restrictives de l'autonomie financière des collectivités locales, en application de dispositions communautaires. Cette obligation résulte de l'article 6 du Traité UEMOA du 10 janvier 1994 qui prévoit la primauté du droit communautaire sur le droit des États membres. Dès lors, l'autonomie financière des collectivités locales peut être directement affectée par la législation communautaire sans se heurter, comme s'il s'agissait de la législation nationale, au principe constitutionnel de leur libre administration.

a. Les justifications de l'encadrement communautaire de l'autonomie financière des collectivités locales

36- La justification première de l'encadrement communautaire de l'autonomie financière des collectivités locales se trouve dans l'approche globalisée des finances publiques qui prévaut au sein de l'UEMOA, selon laquelle le champ des finances publiques couvre

[28] Ministère de l'Économie, des Finances et du Plan, Introduction au Débat d'orientation budgétaire- 2017- Document de programmation budgétaire et économique pluri annuelle 2018-2020. Juin 2017.

celles de l'État, des collectivités locales et des organismes de protection sociale. Il s'ensuit que c'est dans le cadre de cette approche consolidée que s'inscrit la discipline budgétaire mise en place par le Pacte de convergence, de stabilité et de solidarité, instituée par l'Acte additionnel du 8 décembre 1999, modifié, qui constitue désormais la référence suprême de nos institutions budgétaires. Par ce Pacte, les États membres s'engagent à parvenir à une situation budgétaire équilibrée, voire excédentaire, et de maintenir leur endettement dans la limite de 70 % de leur PIB. Théoriquement, cette discipline budgétaire conduit chaque État membre à mettre sous contrôle les finances des collectivités locales et des organismes de protection sociale.

37- Il est vrai qu'au regard des critères de bonne gestion budgétaire généralement retenus, tant au niveau de l'UEMOA qu'au niveau international, la situation financière des collectivités locales est globalement satisfaisante, même si des disparités importantes sont notées entre elles. On peut relever qu'entre l'exercice 2015 et l'exercice 2016, l'autofinancement, qui est un prélèvement sur l'excédent de la section de fonctionnement pour financer les dépenses de la section d'investissement, passe de 4 105 741 958 à 9 599 415 451 milliards de francs CFA. C'est une hausse spectaculaire de 130 %, la plus importante enregistrée concernant les dépenses des collectivités locales[29]. Cela témoigne des efforts qu'elles fournissent pour le développement de l'investissement local. Si l'on prend le cas particulier de la Ville de Dakar, le rapport de présentation du compte administratif pour l'exercice 2016 fournit des indicateurs pour apprécier la gestion financière de la Ville. On y relève, notamment, un taux d'autofinancement de 94,19 % et un ratio masse salariale/recettes de fonctionnement de 22,46 %.

38- Toutefois, une dégradation de la situation financière des collectivités locales n'est pas à écarter si elles restent trop dépendantes

[29] Ministère de l'Économie, des Finances et du Plan, Introduction au débat d'orientation budgétaire- 2017, op-cit.

des financements étatiques. Pour des recettes totales qui s'élèvent à 122 746 426 024 de francs CFA, les transferts de l'État se montent à 48 499 240 000 milliards de francs CFA, soit un taux de 12,27 %. En 2018, il est prévu une augmentation de ces transferts de 9,7 % par rapport à 2017, si on prend comme référence le taux d'évolution moyen de 2012 à 2017[30]. La Commission de l'UEMOA fait remarquer que depuis l'année 2012, les États membres de l'UEMOA sont face à des risques liés à la soutenabilité de leurs déficits et de leur endettement[31]. Concernant le Sénégal, on note une croissance continue de son endettement depuis l'année 2010, comme le montrent les chiffres suivants :

- 2010 : 2230,7 milliards francs CFA ;
- 2011 : 2704,2 milliards de francs CFA ;
- 2012 : 3076,2 milliards de francs CFA ;
- 2013 : 3341,7 milliards de francs CFA ;
- 2014 : 4113,0 milliards de francs CFA ;
- 2016 : 5180,9 milliards de francs CFA[32].

Il est vrai que l'endettement du Sénégal peut se justifier tant qu'il finance des dépenses favorables à la croissance et qu'il reste dans le plafond de 70°/° du PIB fixé par l'UEMOA. Toutefois, il ne faut pas tomber dans le syndrome de cette personne qui se jette du haut d'un immeuble et qui, à chaque étage, se dit que jusqu'ici tout va bien. Il y a, en effet, lieu de songer aux périodes économiques moins fastes qui restreignent les espaces budgétaires et donc les marges de manœuvre de l'État. On comprend, dès lors, l'objectif d'équilibre, voire d'excédent budgétaire prévu dans le Pacte de convergence de 1999.

L'État pourrait être amené à réduire ses transferts financiers vers les collectivités locales pour rester dans la trajectoire de convergence

[30] Ministère de l'Économie, des Finances et du Plan, op-cit.
[31] Voir UEMOA, la Commission, Dossier pour avis, Note d'étape sur la mobilisation des recettes fiscales dans les États membres, non datée.
[32] Exposé des motifs du projet de loi de finances pour 2017.

budgétaire. De ce point de vue, la nécessité d'encadrer l'autonomie financière des collectivités locales trouve sa justification dans le fait que l'évolution des relations financières de l'État est en partie conditionnée par celle des finances locales.

b. Les mesures communautaires encadrant l'autonomie financière des collectivités locales

39- La politique budgétaire à moyen terme des collectivités locales, à l'instar de celle de l'État, est encadrée par la Directive portant loi de finances au sein de l'UEMOA du 26 juin 2009. La programmation pluriannuelle des finances des collectivités locales s'insère dans la programmation pluriannuelle de l'ensemble des finances publiques. Le document qui en est le support doit, en vertu de l'article 52, évaluer l'évolution des ressources, des charges et de la dette des collectivités locales.

Mais cette mesure ne suffit pas à mettre sous contrôle la politique budgétaire des collectivités locales dans la mesure où n'existe aucune norme qui fixe l'évolution de leurs dépenses. Or, en réalité, c'est le niveau des dépenses qui détermine celui des recettes. La Directive portant régime financier des collectivités territoriales du 24 juin 2011 constitue une occasion manquée. Intervenue dans le sillage de la Directive du 26 juin 2009 précitée, et dont elle s'est largement inspirée, elle ne comporte, cependant, aucune disposition venant consolider le dispositif de pluri annualité budgétaire prévu par cette dernière.

40- En ce qui concerne la gestion macro-budgétaire annuelle des collectivités locales, il faut noter qu'avant l'avènement de l'UEMOA, le droit national n'avait encadré que le déficit budgétaire à travers les dispositions relatives à l'équilibre réel, le recours à l'endettement étant libre. Avec l'UEMOA, celui-ci est désormais contrôlé. C'est l'article 55 alinéa 5 de la Directive sur les lois de finances du 26 juin 2009 qui prescrit aux États membres d'édicter des règles encadrant et plafonnant le recours à l'emprunt par les collectivités locales. On remarque que cette disposition n'est pas reprise dans la Directive portant régime financier des collectivités locales du 24 juin 2011, texte dont l'orientation est plus de droit budgétaire que de politique budgétaire.

TITRE I

LE CADRE BUDGÉTAIRE ET COMPTABLE DES FINANCES LOCALES

Les interventions des collectivités locales se traduisent, pour la plupart, par des mouvements financiers. Ces mouvements financiers sont régis par un certain nombre de principes qualifiés « fondamentaux » par la Directive UEMOA du juin 2011 (Chapitre I) et sont retracés dans un certain nombre de documents (Chapitre II).

CHAPITRE I

LES PRINCIPES FONDAMENTAUX RÉGISSANT LA GESTION FINANCIÈRE DES COLLECTIVITÉS LOCALES

41- La gestion budgétaire et la gestion comptable constituent les deux versants de la gestion financière des collectivités locales. Sur la base de cette distinction, on peut, à l'instar de la Directive précitée, distinguer, entre les principes relatifs à cette gestion financière, les principes budgétaires (Section I) et les principes comptables (Section II).

Section I. Les principes budgétaires

42- La filiation qui existe entre l'État et les collectivités locales, en ce qui concerne la notion de budget, se retrouve au niveau des principes qui la régissent. Pour l'essentiel, les principes budgétaires applicables aux collectivités locales, tels qu'ils existent au Sénégal et réaffirmés par la Directive UEMOA précitée, sont, pour l'essentiel, des transpositions de ceux applicables à l'État. Ils trouvent leurs sources, d'après l'article 8 de cette Directive, dans la Directive portant Code de transparence dans la gestion des finances publiques, la Directive relative aux lois de finances et celle portant sur le règlement général sur la comptabilité publique.

Paragraphe I. Le principe de l'annualité budgétaire

Il sera question d'exposer la signification du principe de l'annualité et les aménagements qui lui sont apportés.

A. La signification du principe de l'annualité budgétaire

43- Le principe d'annualité, tel qu'il ressort des dispositions combinées de l'article 181 de la loi du 28 décembre 2013 et de l'article10 de la Directive UEMOA précitée, signifie que le budget est prévu et voté pour une année financière. Ces dispositions précisent que l'année financière des collectivités locales commence le 1er janvier et se termine le 31 décembre, faisant ainsi coïncider l'année financière et l'année civile. Mais les collectivités locales ont la possibilité d'aller jusqu'à la date du 31 mars de l'exercice concerné pour adopter leurs budgets. C'est un aménagement au principe de l'antériorité, prévu à l'article 13 de la Directive UEMOA précitée qui l'énonce ainsi qu'il suit : « L'antériorité est le principe selon lequel le budget, acte de prévision, doit être voté préalablement à toute dépense ».

Ce sont des raisons d'ordre pratique qui expliquent cette possibilité offerte aux collectivités locales. En effet, pour l'établissement de leurs budgets, les collectivités locales sont dépendantes de certaines informations financières émanant de l'État. Les premières de ces informations sont contenues dans la loi de finances qui n'est votée qu'en fin d'année. Or, c'est elle qui contient les dispositions autorisant la perception des impôts existants affectés aux collectivités locales. Elles figurent dans la première partie de la loi de finances, au titre 1 intitulé « Dispositions relatives à l'équilibre des ressources et des charges ». La loi de finances contient aussi les dispositions relatives aux dotations de l'État aux collectivités locales. Mais il se trouve que les arrêtés de répartition de ces dotations sont publiés tardivement. En outre, les collectivités locales ont besoin d'informations relatives au produit de leur fiscalité qui émanent des services fiscaux de l'État.

Le principe de l'annualité budgétaire signifie également que le budget s'exécute dans l'année. Par conséquent, comme l'indique l'article 13 du décret n° 91-1230 du 14 novembre 1991 portant réforme du plan comptable de l'État et des collectivités locales, les comptabilités sont arrêtées à la date du dernier jour de la gestion.

B. Les aménagements au principe de l'annualité budgétaire

Le principe de l'annualité budgétaire connaît des aménagements qui sont relatifs, pour les uns à l'exécution du budget, pour les autres aux prévisions du budget.

1. Les aménagements relatifs à l'exécution du budget

a. La journée complémentaire

44- La procédure d'exécution des opérations budgétaires des collectivités publiques obéit à des procédures longues et complexes. Ainsi, l'exécution d'une opération donnée peut ne pas se dénouer à la fin de la gestion. L'institution de « la journée complémentaire », qui est une période complétant la période normale d'exécution du budget, a pour but de permettre le dénouement de telles opérations.

Le décret du 4 juillet 1966 portant régime financier des collectivités locales exclut, en son article 38, une période complémentaire pour l'exécution du budget. Cependant, l'article 72 prescrit au comptable de la collectivité locale, avec le concours de l'ordonnateur, d'établir à la fin de l'exercice, l'état des dépenses engagées et non mandatées, et à l'ordonnateur de les mandater en priorité.

Telle n'est pas la solution retenue par l'article 13 du décret du 14 novembre 1991 précité qui prévoit une journée complémentaire qui dure un mois, allant du 1er au 31 janvier de l'année suivant celle de la gestion close. C'est pour permettre, d'après ce même article 13, aux ordonnateurs d'émettre les mandats et les titres de recettes correspondant à des droits ou des obligations constatés. La journée complémentaire constitue ainsi une prolongation fictive de la journée comptable du 31 décembre pour permettre de rattacher ces opérations à la gestion close par une écriture datée du 31 décembre.

La Directive UEMOA portant régime financier des collectivités territoriales du 24 juin 2011, en son article142 prévoit, certes une période complémentaire d'une durée d'un mois, comme l'article 13 du décret du 14 novembre 1991, mais la réserve uniquement aux comptables des collectivités locales pour des opérations de régularisation. C'est dire qu'aucune opération budgétaire ne peut être effectuée durant cette période. Cependant, la loi portant CGCL du 28 décembre 2013, qui est pourtant postérieure à cette Directive, s'écarte des dispositions celle-ci en prévoyant une journée complémentaire qui est à la fois d'ordre budgétaire et comptable. En effet, son article 258 permet au conseil de la collectivité locale, dans le délai d'un mois suivant la fin de l'exercice, d'ajuster les crédits de la section de fonctionnement pour régler les dépenses engagées avant le 31 décembre.

b. Le report de crédits

45- En principe, la conséquence du principe de l'annualité budgétaire entendu au sens du principe de la gestion est l'annulation de tout crédit non consommé à la fin de l'exercice. L'inconvénient d'une telle règle est d'inciter les services au gaspillage, en voulant consommer à tout prix les crédits qui leur sont alloués pour ne pas les perdre en fin d'année. C'est pourquoi il est prévu la possibilité de reporter certains crédits non consommés à l'exercice suivant.

En disposant que « Les crédits de fonctionnement non engagés au cours de l'exercice sont annulés », l'article 10 de la Directive UEMOA portant régime financier des collectivités locales du 24 janvier 2011 admet implicitement le report des crédits relatifs aux dépenses d'investissement. En cas de report, les crédits concernés viennent s'ajouter aux crédits ouverts par le budget de l'exercice en cours. Le comptable de la collectivité locale est autorisé à payer les dépenses correspondantes dans la limite des crédits restés sans emploi, sur la base d'un état de reports établi par l'ordonnateur.

2. L'aménagement relatif aux prévisions budgétaires

46- Concernant les prévisions budgétaires, l'aménagement est l'introduction de la pluri annualité dans la gestion budgétaire. Elle concerne les dépenses d'investissement car l'exécution de la plupart d'entre elles s'étale sur plusieurs années.

La dérogation consiste à ouvrir des crédits pluriannuels pour les dépenses de la section d'investissement du budget. Ces crédits pluriannuels prennent la forme d'autorisations de programme ou d'autorisations d'engagement qui, d'après l'article 47 de la Directive UEMOA du 24 juin 2011, correspondent à une immobilisation ou un ensemble d'immobilisations acquises ou réalisées par une collectivité locale. Mais ces autorisations de programme ou d'engagement sont accompagnées de crédits de paiement qui constituent la limite supérieure des dépenses que l'ordonnateur local peut mandater durant l'exercice, pour couvrir les engagements contractés sur la base des autorisations de programme ou d'engagement. On sait que le couplage autorisations de programme/crédits de paiement permet de concilier la nécessité d'une gestion budgétaire pluriannuelle et celle du respect du principe d'annualité.

Une application de cette technique de gestion budgétaire est faite par la loi du 28 décembre 2013 portant CGCL, en son article 228 qui prévoit que « Le budget de la collectivité locale doit comprendre les ressources nécessaires à l'exécution des travaux (…). Lorsque la durée des travaux doit excéder une année, le conseil évalue la dépense globale nécessaire à l'exécution de ces travaux et procède à une répartition de cette dépense par gestion budgétaire ». L'intérêt pour une collectivité locale de pouvoir engager sur des lignes budgétaires pluri annuelles est la lisibilité que cela donne sur le coût de l'opération qui est étalée sur plusieurs années.

Théoriquement, le domaine d'application de la procédure des autorisations de programme et des crédits de paiement peut comprendre, non seulement les travaux, mais aussi les subventions à l'investissement des tiers réservées en général aux grandes collectivités locales. Mais l'article 228 précité limite ce domaine aux travaux.

L'application de cette procédure par les collectivités locales nécessite de leur part des compétences leur permettant, notamment, de faire une planification correcte des investissements. Une autre difficulté réside dans la procédure de la maîtrise d'ouvrage délégué où la consommation effective des crédits échappe aux collectivités locales. Mais des grandes villes comme Dakar peuvent appliquer la procédure des autorisations de programme/crédits de paiement avec, au départ, un petit nombre de directions ou services, avant de l'étendre à la totalité de la section d'investissement[33].

Paragraphe II. L'unité budgétaire

47- Énoncé à l'article 11 de la Directive UEMOA du 24 juin 2011, le principe d'unité budgétaire signifie que toutes les prévisions de recettes et de dépenses doivent figurer dans le budget. Ce budget est constitué d'un document unique contenant un tableau qui retrace l'ensemble de ces prévisions. L'intérêt de ce tableau d'ensemble, comme l'indique l'article 11, est qu'il permet, d'emblée, d'apprécier l'équilibre global du budget de la collectivité locale.

48- L'article 11 précité prévoit deux exceptions au principe d'unité budgétaire.

La première exception est la possibilité pour une collectivité locale de prévoir des budgets annexes à côté du budget principal. Sont dotés de budgets annexes, les services des collectivités locales qui mènent

[33] M. Kloffer « Gestion des engagements et autorisations de paiement des collectivités locales », Revue du Trésor, Août-septembre 1999, p 250.

des activités à caractère industriel et commercial, sans pour autant jouir de la personnalité morale. Ces budgets annexes permettent d'individualiser leurs recettes et leurs dépenses, ainsi que de déterminer leur tarification. Le budget annexe d'un service public comporte, comme le budget principal, une section d'investissement et une section de fonctionnement appelée section exploitation. Son exécution doit faire l'objet d'un compte administratif, comme le budget principal.

La seconde exception est constituée par les modifications apportées, en cours d'exercice, au budget primitif par d'autres décisions budgétaires. Elle répond à la nécessité de faire des ajustements car les prévisions budgétaires sont forcément aléatoires. C'est la fonction assignée au budget supplémentaire et aux décisions modificatives, dont l'article 11 prescrit de les présenter et de les voter dans les mêmes conditions que le budget primitif. En général, dans les petites collectivités locales, le budget primitif suffit.

Paragraphe III. L'universalité budgétaire

49- Il résulte de l'énoncé du principe d'universalité budgétaire, tel qu'il figure à l'article 12 de la Directive UEMOA du 26 juin 2011, que l'universalité budgétaire comporte deux règles.

La première est celle de non compensation qui signifie, selon les termes mêmes de l'article 12, que « toutes les dépenses et toutes les recettes doivent être prévues au budget sans compensation ». C'est pourquoi cette règle est aussi appelée « règle du produit brut » qui s'oppose à « la règle du produit net » qui autorise les contractions entre les recettes et les dépenses et fait que le budget se présente comme un ensemble de soldes. Un exemple de violation de la règle de non-compensation est relevé par la Chambre régionale des comptes de Rhône-Alpes, dans son jugement du 29 janvier 1997, lorsqu'elle a relevé que le fait pour l'ordonnateur d'émettre sept titres de recettes à l'encontre d'une société, puis sept autres titres venus annuler ou réduire les premiers en vue de dédommager la société d'un sinistre, constitue une contraction de recettes et de dépenses.

La seconde règle qui compose le principe d'universalité est celle de non-affectation. Ainsi que l'énonce l'article 12, « L'ensemble des recettes est destiné à couvrir l'ensemble des dépenses ». Cette règle interdit de réserver une recette particulière à une dépense déterminée. Les recettes fiscales et les autres produits doivent être confondus dans une seule masse. Il ne doit pas exister de lien juridique entre une recette et une dépense. On remarque, cependant, que la loi portant CGCL du 28 décembre 2013, en son article 188, ne fait pas référence à la règle de non-affectation. On aurait compris s'il s'agissait de la règle de non-compensation dans la mesure où elle rejoint celle d'unité budgétaire dans sa dimension matérielle. Néanmoins, on peut dire que la règle de non-affectation existe implicitement dans cette loi, si on considère que l'article 12 prévoit des recettes qui sont considérées comme des exceptions à la règle de non-affectation.

50- Ces exceptions sont en général constituées par les fonds de concours auxquels sont assimilés les dons et legs, les subventions d'équipement affectées à la réalisation d'opérations déterminées dans les décisions d'attribution des fonds, ainsi que les dotations du Fonds d'équipement des collectivités locales. Tous ces fonds doivent être utilisés conformément à la volonté de la partie versante. On peut aussi considérer comme une forme d'exception à la règle de non-affectation la ventilation des recettes entre la section d'investissement et celle de fonctionnement du budget. De même, les prix des services publics industriels et commerciaux d'un budget annexe sont généralement affectés.

Paragraphe IV. La spécialité budgétaire

51- Le principe de spécialité budgétaire signifie que les crédits ne sont pas ouverts globalement par le conseil délibérant de la collectivité locale pour son exécutif, mais pour un service déterminé et pour une action à entreprendre. A cet effet, comme le prescrit l'article 5 du décret du 4 juillet 1966 portant régime financier des collectivités locales, « Le budget est présenté et voté par chapitres et articles ». Cependant, cette disposition ne précise pas l'unité de spécialisation des crédits qui ne correspond pas forcément à leur unité de vote.

De façon plus précise, l'article 17 de la Directive UEMOA du 26 juin 2011 énonce que « La spécialité des crédits implique que les crédits sont ventilés par chapitres et articles et affectés à des dépenses données ». Selon l'article 72, les crédits de la section de fonctionnement sont votés par chapitre, mais le conseil peut décider de spécialiser certains articles. On en déduit que c'est le chapitre qui est l'unité de droit commun de spécialisation des crédits et que, en conséquence, l'ordonnateur peut faire des virements de crédits d'un article à un autre, sauf s'il s'agit d'articles spécialisés. L'unité de vote se confond, pour ainsi dire, à l'unité de spécialisation des crédits.

À titre d'exemple, on peut signaler que lors de l'élaboration du budget primitif pour l'exercice 1999, le conseil municipal de la commune de Saint-Eloi décide, par délibération du 25 mars 1999, de voter ledit budget par article. La Chambre Régionale des comptes de Bourgogne relève ainsi, au passage, que les crédits ouverts à l'article en cause sont spécialisés[34].

Pour la section d'investissement, les crédits sont votés par article, sauf si le conseil décide de voter des « opérations » qui correspondent à des chapitres budgétaires. L'ordonnateur ne peut décider seul des virements de crédits d'un article à un autre à l'intérieur d'un même chapitre budgétaire, que si le vote est effectué par article non spécialisé. La décision de l'ordonnateur doit être transmise au représentant de l'État pour approbation, et notifiée au comptable de la collectivité locale.

---

[34] CRC de Bourgogne, avis n° 00c B001 du 26 janvier 2000, Revue du Trésor, n° 5, mars 2000, p 287.

52- Par dérogation au principe de la spécialité budgétaire, le conseil de la collectivité locale peut, au moment où il vote le budget, ouvrir des crédits sans aucune affectation. Il s'agit, en quelque sorte, des crédits globaux qui existent dans le droit budgétaire de l'État. Ce sont, d'après l'article 205 de la loi portant CGCL du 28 décembre 2013, des crédits pour dépenses imprévues. Toutefois, il est précisé qu'ils ne peuvent être employés que pour faire face à des dépenses urgentes. Il est également prescrit à l'ordonnateur de rendre compte au conseil, dans la première session qui suit l'ordonnancement de chaque dépense, de l'emploi de ces crédits avec pièces justificatives à l'appui.

Paragraphe V. Le caractère limitatif des crédits

53- Selon l'article 8 du décret portant régime financier des collectivités locales du 4 juillet 1966, « Tous les crédits ouverts au budget ont un caractère limitatif ». Le droit budgétaire local ne connaît donc pas la notion de crédits évaluatifs. Le principe du caractère limitatif des crédits emporte comme conséquence que l'ordonnateur de la collectivité locale ne peut engager, liquider ou ordonnancer une dépense au-delà des crédits régulièrement ouverts aux chapitres ou aux articles, s'ils sont votés par chapitre ou article. C'est dire que le principe du caractère limitatif des crédits se combine avec celui de la spécialité budgétaire.

Cette combinaison des principes de spécialité budgétaire et du caractère limitatif des crédits permet d'assurer le suivi de la consommation des crédits. Telle est la finalité de l'obligation pour l'ordonnateur de la tenue d'une comptabilité des engagements pour s'assurer, à tout moment, de la disponibilité des crédits avant de nouveaux engagements de dépenses. À cette fin, l'engagement comptable consistant matériellement à bloquer des crédits pour une dépense à venir, doit être préalable ou, à tout le moins, concomitant à l'engagement juridique.

Paragraphe VI. L'équilibre budgétaire

54- À la différence de l'État qui n'a comme obligation, en vertu de la Directive UEMOA relative aux lois de finances du 26 juin 2009, que la présentation, dans un tableau d'équilibre, d'un solde budgétaire global, les collectivités locales ont l'obligation de présenter leurs budgets en équilibre. Vu de façon globale, cet équilibre budgétaire, d'après l'article 15 de la Directive UEMOA portant régime financier des collectivités territoriales du 24 juin 2011, signifie que l'ensemble des dépenses ne peut être supérieur à l'ensemble des recettes. Il pose également les conditions de cet équilibre, qui est de nature purement comptable, dans les termes suivants :

- « la section de fonctionnement et celle d'investissement doivent être votées en équilibre ; les recettes et les dépenses sont évaluées de manière sincère et les dépenses obligatoires doivent toutes être inscrites ;
- un autofinancement minimum doit être réalisé au niveau de la section de fonctionnement pour financer la section d'investissement ;
- l'autofinancement majoré des recettes propres d'investissement (hors dotations ou subventions affectées et emprunt) doit être supérieur au remboursement en capital des emprunts ».

Il faut préciser pour la section d'investissement, que si la collectivité locale est en mode de gestion par autorisations de programme/crédits de paiement, l'équilibre budgétaire est apprécié, selon l'article 47 de la Directive UEMOA du 24 juin 2011, en ne tenant compte que des crédits de paiement. L'équilibre budgétaire ainsi défini est appelé « équilibre réel » ou « règle d'or », par son caractère qualitatif, en ce sens que la section de fonctionnement étant obligatoirement en équilibre, l'emprunt est forcément destiné à la couverture des dépenses d'investissement.

Il apparaît ainsi que pour les collectivités locales, les emprunts sont des ressources budgétaires affectées. C'est là une différence avec le droit budgétaire de l'État puisque d'après la Directive UEMOA relative aux lois du 26 juin 2009, les emprunts constituent des ressources de trésorerie, quelle que soit l'échéance, dont l'exécution relève de la seule responsabilité du Trésor. Étant un élément fondamental de la gestion budgétaire locale, l'équilibre budgétaire est, selon l'article 15 de la Directive UEMOA portant régime financier des collectivités locales, d'application rigoureuse et son respect doit être assuré par le représentant de l'État.

Paragraphe VII. La sincérité budgétaire

55- Le principe de sincérité budgétaire est énoncé à l'article 14 de la Directive UEMOA portant régime financier des collectivités locales du 24 juin 2011 qui, pour sa définition, reprend celle qu'en donne pour l'État l'article 30 de la Directive UEMOA relative aux lois de finances du 26 juin 2009. Selon l'article 14, « Le principe de sincérité implique que les prévisions de ressources et de charges de la collectivité territoriale soient évaluées de façon sincère. Elles doivent être effectuées avec réalisme et prudence compte tenu des informations disponibles au moment où le projet de budget est établi ».

La notion de sincérité budgétaire mérite d'être explicitée, notamment parce que la définition qu'en donne l'article 14 comporte une part de tautologie. Pour ce faire, il convient de considérer, successivement, les ressources et les charges. Pour les ressources, le principe de sincérité implique que les recettes inscrites au budget soient des recettes sûres. Tel n'est pas le cas, par exemple, des recettes attendues d'une convention de financement qui n'est pas encore signée. Il faut donc établir la réalité, autrement dit, l'existence des recettes. Ensuite, le montant des recettes inscrites au budget, à supposer même qu'elles soient certaines, ne doit pas être surévalué. Au total, réalité et réalisme sont les deux maîtres mots qui doivent guider les prévisions de ressources. Pour les charges, le principe de sincérité interdit les sous-évaluations. C'est le fait, par exemple, de ne pas inscrire au budget une dépense obligatoire.

Le principe de sincérité rejoint celui de l'équilibre budgétaire en ce sens qu'un budget en équilibre suppose la sincérité de ses prévisions. C'est pourquoi, dans la définition de l'équilibre budgétaire donnée par l'article 15, telle que rappelée ci-dessus, il est mentionné que « les recettes et les dépenses sont évaluées de manière sincère et les dépenses obligatoires doivent toutes être inscrites ». Les collectivités locales ont d'autant plus intérêt à des prévisions sincères, qu'elles n'ont pas, contrairement à l'État, la possibilité de boucler leur budget par un recours à la fiscalité. Elles n'ont pas, en effet, le pouvoir de voter le montant des impôts dans la mesure où elles n'ont pas celui de voter leurs taux.

Section II. Les principes comptables

56- La Directive UEMOA portant régime financier des collectivités territoriales du 24 juin 2011 contient un chapitre 2 intitulé « Des principes du droit comptable » dont la liste est dressée à l'article 18. Parmi ces principes, les uns sont d'ordre juridique et relèvent du droit de la comptabilité publique et les autres de la comptabilité au sens strict du terme. Les principes juridiques comprennent, d'une part, celui de la séparation des fonctions d'ordonnateur et de comptable, qui est le principe fondamental qui régit l'exécution des budgets publics, d'autre part, les principes de l'unité de trésorerie et de l'unité de caisse déjà évoqués[35]. Pour ces deux considérations, seul le principe de la séparation des fonctions d'ordonnateur et de comptable sera traité dans les développements qui vont suivre avant l'exposé des principes relatifs à la comptabilité au sens technique.

[35] Voir supra, p 31.

Paragraphe I. Le principe fondamental de droit comptable : la séparation des fonctions d'ordonnateur et de comptable

A. La signification et le fondement du principe

57- Le principe de la séparation des fonctions d'ordonnateur et de comptable est au cœur de la procédure d'exécution des budgets publics : État, collectivité locale, établissement public administratif, établissement public industriel et commercial doté d'un comptable public, autorité administrative indépendante et agence d'exécution. Ce principe, selon l'article 19 de la Directive UEMOA précitée, « signifie que l'exécution du budget de la collectivité locale est assurée par deux catégories d'agents publics : l'ordonnateur et le comptable ».

Cette séparation des fonctions est entendue au sens de leur incompatibilité, ainsi que posé à l'article 30 de la Directive UEMOA. En effet, on peut avoir des fonctions séparées sans pour autant qu'elles soient incompatibles. C'est le cas des fonctions d'administrateur de crédits et de comptable ou des fonctions d'administrateur de crédits et d'ordonnateur. L'incompatibilité entre les fonctions d'ordonnateur et de comptable est instituée pour prévenir les abus et les malversations. On distingue ainsi l'ordonnateur, qui est celui qui dispose du pouvoir de prescrire l'exécution des recettes et des dépenses publiques et le comptable, celui à qui incombe cette exécution. La règle vaut surtout pour le comptable public car c'est lui qui gère les fonds de la collectivité locale. C'est pourquoi, pour en assurer le respect, on prévoit un système qui consiste à rendre le comptable indépendant vis-à-vis de l'ordonnateur et, en contrepartie, personnellement et pécuniairement responsable de sa gestion.

C'est l'importance attachée au principe de la séparation des fonctions d'ordonnateur et de comptable qui explique son extension, par l'article 30 précité. Celui-ci prévoit d'abord que les conjoints, ascendants et descendants des ordonnateurs ne peuvent être comptables des collectivités locales auprès desquelles lesdits ordonnateurs exercent leurs fonctions. D'un point de vue matériel, il interdit aux ordonnateurs et aux comptables des collectivités locales l'exercice de certaines activités, dans les conditions définies par les législations nationales.

B. Le contenu des fonctions d'ordonnateur et de comptable

1. Le contenu des fonctions d'ordonnateur

58- Il est nécessaire de rappeler d'abord que l'ordonnateur est le président du conseil de la collectivité locale -conseil départemental ou conseil municipal- qui est l'organe exécutif et ordonnateur du budget. L'ordonnateur peut, selon l'article 32 de la Directive UEMOA du 24 juin 2011, déléguer ses attributions ou se faire suppléer en cas d'absence ou d'empêchement. C'est ainsi que l'article 110 de la loi du 28 décembre 2013 portant CGCL dispose que le maire, par arrêté, peut déléguer une partie de ses attributions, à un ou plusieurs de ses adjoints, voire à des membres du conseil municipal en cas d'absence de ces adjoints. En matière de recettes, les fonctions de l'ordonnateur consistent à constater les droits des collectivités locales, de les liquider et de prescrire leur recouvrement. En matière de dépenses, ils engagent, liquident et mandatent les dépenses des collectivités locales.

2. Le contenu des fonctions de comptable

59- Comme pour l'ordonnateur, il convient de préciser d'abord que le comptable de la collectivité locale, d'après l'article 268 de la loi du 28 décembre 2013 précitée, est un comptable direct du Trésor. À ce titre, il a la qualité de comptable principal, c'est-à-dire de comptable justiciable de la Cour des comptes. Il nommé par le ministre chargé des Finances et doit, avant d'être installé dans ses fonctions, constituer un cautionnement et prêter serment.

Les fonctions de comptable public sont rappelées à l'article 39 de la Directive UEMOA du 24 juin 2011 précitée. En matière de recettes, il est chargé de recouvrer les titres de recettes émis par l'ordonnateur, les créances résultant d'autres titres comme les contrats, les décisions de justice, et à procéder à l'encaissement des droits au comptant, sans préjudice des impôts et taxes recouvrés par les services des Impôts. En matière de dépenses, c'est à lui que revient de payer les dépenses sur ordre émanant de l'ordonnateur ou au vu de titres présentés par les créanciers de la collectivité locale.

En plus de l'exécution proprement dite des opérations de recettes et de dépenses de la collectivité locale, le comptable est chargé du maniement des fonds et des mouvements de comptes de disponibilités, de la conservation des pièces justificatives des opérations, de la garde et de la conservation des fonds et valeurs appartenant ou confiés à la collectivité locale, ainsi que de la tenue de la comptabilité de cette dernière.

C. La sanction de la violation du principe de la séparation des fonctions d'ordonnateur et de comptable : la gestion de fait

60- À l'origine, la gestion de fait est conçue en France pour sanctionner la violation par l'ordonnateur du principe de la séparation des fonctions d'ordonnateur et de comptable. C'est un palliatif au fait que le juge des comptes n'a pas juridiction sur les ordonnateurs. Par la suite, le périmètre de la gestion de fait s'est étendu aux comptables eux-mêmes lorsqu'ils outrepassent leurs fonctions, et aux personnes physiques ou morales qui participent aux opérations litigieuses.

Le comptable de fait est défini par l'article 38 de la Directive UEMOA portant régime financier des collectivités territoriales du 24 juin 2011 comme étant toute personne qui s'immisce dans la gestion d'un comptable public, sans en avoir la qualité. Il en résulte que la gestion de fait comporte trois éléments constitutifs.

Le premier élément constitutif de la gestion de fait est l'absence de titre légal. Seuls les comptables régulièrement nommés, « appelés comptables patents », sont habilités à effectuer les opérations de recettes et de dépenses des collectivités locales. Cependant, il y a d'autres habilitations qui sont conférées à ceux qui agissent sous le contrôle et pour le compte des comptables publics. Il s'agit des mandataires et des subordonnés des comptables publics ainsi que des régisseurs.

Le deuxième élément constitutif de la gestion de fait est l'existence de deniers publics qui sont définis par l'article 2 alinéa 1 du décret portant RGCP du 24 novembre 2011 comme les deniers appartenant à un organisme public ou confiés à un organisme public, ces derniers étant appelés « deniers privés réglementés ». C'est ainsi que la Cour des comptes, dans son arrêt rendu le 31 décembre 2002 dans l'affaire de la gestion de fait des deniers de la société nationale La Poste, considère que « la société nationale La Poste n'est pas un organisme public et que les fonds ainsi extraits de sa caisse, même irrégulièrement, ne sauraient être considérés comme appartenant à un organisme public ».

Le troisième élément constitutif de la gestion de fait est l'ingérence dans la gestion d'un comptable public. Ce peut être une ingérence dans le recouvrement des recettes publiques ou une extraction de fonds de la caisse d'un comptable public. L'ingérence dans le recouvrement des recettes publiques peut prendre deux formes. La première est la simple détention de fonds publics, comme le fait pour un régisseur de recettes de garder les fonds de la régie au-delà de la date à laquelle il doit les reverser. La seconde est le maniement des fonds qui consiste à les utiliser pour régler des dépenses. On trouve un exemple de maniement de fonds publics dans l'affaire de la gestion de fait des deniers de la commune d'arrondissement de Grand-Dakar, jugée par la Cour des comptes qui, dans son arrêt du 26 avril 2001, retient la qualification de comptable de fait contre le maire qui fait confectionner des carnets de tickets, encaisser les droits de place par des agents municipaux et à l'insu du comptable de la commune, pour les utiliser au règlement de dépenses de sa commune.

Paragraphe II. Les principes de technique comptable

Les principes qu'il sera question d'analyser concernent la comptabilité proprement dite, c'est-à-dire la manière dont les opérations exécutées sont enregistrées. Ces principes s'inspirent de ceux du SYSCOA, applicables aux entreprises privées et déjà appliqués à la comptabilité générale de l'État par la Directive UEMOA relative aux lois de finances du 26 juin 2009. Il s'agit des principes de l'indépendance des exercices, de l'intangibilité du bilan, de la prudence, de la permanence des méthodes et des coûts historiques.

A. Le principe de l'indépendance des exercices

61- L'indépendance des exercices est un principe qui consiste à imputer les recettes et les dépenses au budget de l'année qui les a autorisées, quelle qu'en soit la date, et non à celui de l'année au cours de laquelle elles sont encaissées ou payées. C'est pourquoi le principe de l'indépendance des exercices est encore appelé « système de l'exercice » et qu'il donne son fondement à la comptabilité basée sur le principe des droits constatés. À la différence de la comptabilité de caisse, ou comptabilité budgétaire, dont le but est d'assurer le suivi permanent de la consommation des crédits, le principe des droits constatés qui s'applique à la comptabilité générale de la collectivité locale, a pour but de donner une image fidèle de la situation financière et du patrimoine de la collectivité locale. Dès lors, il consiste, pour le comptable public, à enregistrer les opérations dès leur naissance.

Ainsi, les recettes sont comptabilisées au vu du titre de recette émis par l'ordonnateur et les dépenses au moment de la liquidation, conformément à l'article 99 alinéa 1 de la DUEMOA portant régime financier des collectivités locales du 24 juin 2011, et non pas au moment du visa des mandats comme indiqué dans les dispositions sur la comptabilisation en droits constatés de l'article 3 du décret n° 91-

1230 du 14 novembre 1991 portant réforme des plans comptables de l'État et des collectivités locales.

B. Le principe de l'intangibilité du bilan

62- L'intangibilité du bilan signifie que le bilan d'ouverture du compte d'un exercice doit correspondre au bilan de clôture du compte de l'exercice précédent. Concrètement, il s'agit d'une reprise exacte des soldes de la balance de clôture de l'exercice n-1, en balance d'entrée de l'exercice n. Il ne doit pas y avoir de discordances dans l'enchaînement des comptes. Le principe de l'intangibilité du bilan vise à assurer la continuité nécessaire des opérations.

C. Le principe de la prudence

63- La prudence est définie comme l'appréciation raisonnable des faits dans le but d'éviter le risque de transfert sur l'avenir d'incertitudes présentes susceptibles de grever le patrimoine ou l'équilibre de gestion de la collectivité locale.

Ainsi, le principe de prudence commande de prendre en compte tout évènement qui risque de diminuer la valeur du patrimoine de la collectivité publique. Autrement dit, toute perte probable doit être enregistrée. Inversement, le principe de prudence interdit l'enregistrement de tout évènement susceptible d'en augmenter la valeur. Ainsi, le simple fait qu'une subvention est attendue ne suffit pas à la comptabiliser tant que la décision l'attribuant n'est pas notifiée. Pour faire face, en particulier, à la dépréciation irréversible ou probable du patrimoine, on prévoit en comptabilité les techniques de l'amortissement et du provisionnement. Ces techniques sont appliquées aux collectivités locales par la Directive UEMOA du 24 juin 2011 en son article 150 qui dispose que « La collectivité territoriale est tenue de constituer des dotations aux amortissements des immobilisations et des dotations aux provisions ».

L'amortissement vise à constater la dépréciation irréversible d'un élément de l'actif immobilisé, autrement dit de l'amoindrissement de sa valeur, et à dégager, chaque année, un montant sur les crédits de fonctionnement pour le renouveler quand il deviendra usé ou obsolète. Les provisions visent la prise en compte de dépréciations probables d'éléments de l'actif. Il s'agit de faire face aux risques et charges nettement identifiés, mais dont la réalisation est incertaine. La constitution de provisions peut, par exemple, être destinée à couvrir les risques résultant des garanties d'emprunts accordées par une collectivité locale.

D. Le principe de la permanence des méthodes

64- Ce principe vise la présentation des comptes annuels et des méthodes d'évaluation appliquées par la collectivité locale. Il interdit, sauf changement exceptionnel intervenu dans sa situation, leur changement d'un exercice à l'autre. À titre d'exemple, si une collectivité locale décide d'amortir un bien sur cinq ans, elle ne peut pas l'année suivante, décider de le faire en trois ans. Si un changement doit intervenir, il doit être expliqué en annexe et son impact chiffré.

E. Le principe des coûts historiques

65- Ce principe vise l'enregistrement des biens en comptabilité. En vertu du principe des coûts historiques, tout bien acquis à titre onéreux doit être enregistré à son coût d'acquisition, tout bien acquis à titre gratuit à sa valeur estimée et tout bien produit à son coût de production, à la date d'entrée dans le patrimoine de la collectivité locale. Ainsi, l'enregistrement au coût historique ne tient pas compte des variations, comme l'inflation, qui peuvent affecter le bien.

CHAPITRE II

LES DOCUMENTS RELATIFS À LA GESTION FINANCIÈRE DES COLLECTIVITÉS LOCALES

Le budget est un acte de prévision et d'autorisation de recettes et de dépenses à exécuter. Cela exige la tenue de documents qu'il faut présenter en étudiant leur typologie (Section I) et leur nomenclature (Section II).

Section I. La typologie des documents

La gestion financière des collectivités locales implique la tenue de documents budgétaires et comptables.

Paragraphe I. Les documents budgétaires

66- Il y a une pluralité de documents budgétaires. En effet, à côté du budget d'une collectivité locale, il existe des budgets autonomes qui sont ceux des établissements publics qui lui sont rattachés. Il s'y ajoute que, s'agissant du budget de la collectivité locale lui-même, on distingue le budget principal et les budgets annexes. Toutefois, budget principal et budgets annexes forment un tout, en vertu du principe d'unité budgétaire.

Il résulte des différentes dispositions législatives et réglementaires relatives aux documents budgétaires que ceux-ci peuvent être classés en deux catégories : le budget primitif, d'une part, les autorisations spéciales[36], encore appelées « décisions modificatives »[37], d'autre part.

---

[36] Article 4 du décret du 4 juillet 1966, précité.
[37] Article 61 de la loi du 28 décembre 2013 précité.

A. Le budget primitif

67- Le budget primitif est l'élément fondamental de la gestion locale car, comme l'indique l'article 7 de la Directive UEMOA du 24 juin 2011, c'est l'instrument de mise en œuvre de la mission de développement assignée aux collectivités locales. À ce titre, il autorise les opérations financières, de recettes et de dépenses, destinées à la réalisation de toutes les interventions de la collectivité locale pour une année financière. Selon l'article 61 de la Directive UEMOA précitée, le budget primitif est le budget qui est voté par le conseil de la collectivité territoriale et mis en exécution en début d'exercice. C'est donc le premier acte obligatoire du cycle budgétaire annuel de la collectivité locale. Il contient le détail de toutes les recettes et de toutes les dépenses prévues pour l'année. Le budget primitif peut être comparé à la loi de finances initiale concernant l'État.

Le projet de budget qui est soumis au vote de l'assemblée délibérante de la collectivité locale est accompagné de documents limitativement énumérés à l'article 62 de la Directive UEMOA précitée. Il y a :

- « les tableaux récapitulant l'état des emprunts et dettes ;
- l'état des provisions ;
- la présentation des méthodes utilisées pour les amortissements ;
- la présentation de l'emploi des recettes grevées d'une affectation spéciale ;
- l'état du personnel ;
- la liste des organismes de regroupement dont la collectivité est membre ;
- la liste des établissements ou services créés par la collectivité ;
- le tableau retraçant les décisions en matière de taux des contributions ;
- le procès-verbal sur le débat d'orientation budgétaire et des engagements pluriannuels ».

B. Les décisions modificatives

Les prévisions contenues dans le budget primitif sont forcément aléatoires. Les décisions modificatives ont pour objet d'apporter les ajustements nécessaires pour les rapprocher de la réalité. Elles sont votées dans les mêmes conditions que le budget primitif et sont, comme lui, soumises au principe d'équilibre. Il convient de présenter d'abord le budget supplémentaire avant les autres décisions modificatives.

1. Le budget supplémentaire

68- Le budget supplémentaire présente la particularité d'être à la fois un document d'ajustement et un document de report.

En tant que document d'ajustement, il rectifie les prévisions initiales du budget primitif. De ce point de vue, le budget supplémentaire rappelle la loi de finances rectificative. Mais le budget supplémentaire est essentiellement un budget de report. Comme l'indique l'article 61 de la Directive UEMOA précitée, il permet d'intégrer les résultats de l'année précédente. Autrement dit, il réintègre dans le budget de l'année n, année au cours de laquelle il est voté, les résultats de l'année n-1, c'est-à-dire du dernier budget primitif exécuté. Il est donc voté après l'adoption du compte administratif afférent à l'année n-1. Il doit être adopté, d'après l'article 70 de la Directive UEMOA du 24 juin 2011, avant le 1er septembre de l'exercice auquel il s'applique. Cependant, dans les faits, même à la Ville de Dakar, la plus importante des collectivités locales, on ne vote pas de budget supplémentaire.

2. Les autres décisions modificatives

69- Dans la pratique, les décisions modificatives dont il est question sont celles qui interviennent à tout moment, après le vote du budget primitif. Ce sont des ajustements ponctuels d'une recette ou d'une dépense. L'expression « autorisation spéciale » sied parfaitement à ce type de décision. En dépenses, il peut s'agir, par exemple, d'une décision modificative portant ouverture de crédits pour la couverture d'une dépense non prévue dans le budget primitif ou, durant la journée complémentaire, pour le mandatement d'une dépense de fonctionnement engagée et non mandatée au cours de la gestion. En recettes, une décision modificative peut intervenir pour intégrer au budget une recette imprévue ou une recette qui rentre tardivement comme les recettes du Fonds de Dotation de la Décentralisation ou du Fonds d'Équipement des Collectivités Locales.

Paragraphe II. Les documents comptables

L'exécution du budget local incombe à l'ordonnateur et au comptable de la collectivité locale. En conséquence, ainsi que l'énonce l'article 122 de la Directive UEMOA du 24 juin 2011, la comptabilité des collectivités locales est fondée sur le principe de la séparation des fonctions d'ordonnateur et de comptable. Chacun d'eux doit rendre compte de sa gestion. L'ordonnateur le fait par la production d'un compte administratif[38] et le comptable par la production d'un compte de gestion.

A. Le compte administratif

70- Le compte administratif est le document de résultat établi par l'ordonnateur dès l'arrêté, en fin de gestion, des différents livres qui composent la comptabilité administrative. Les livres de la comptabilité des dépenses sont constitués, selon l'article 125 de la Directive UEMOA précitée, d'un journal des engagements, d'un journal des mandatements et d'un grand journal des dépenses. Sur la base de ces écritures, le compte administratif fait connaître, selon l'article 78 du décret du 4 juillet 1966 précité, pour les recettes, les montants à recouvrer, les recouvrements effectués et les restes à

[38] La comptabilité administrative comprend aussi la comptabilité des matières qui ne fait pas l'objet de développements dans la présente étude.

recouvrer, et pour les dépenses, les crédits ouverts, les paiements effectués, les dépenses engagées et non mandatées, le détail de l'excédent constaté à la clôture de la gestion et la situation financière générale.

Comme document annexe au compte administratif devant être soumis à la délibération de l'assemblée de la collectivité locale, l'article 79 du décret du 4 juillet 1966 précité cite le rapport d'exécution du budget. La Directive UEMOA du 24 juin 2011 précitée ne contient aucune disposition sur ce point.

B. Le compte de gestion

71- L'établissement du compte de gestion repose, comme celui du compte administratif, sur un système comptable centralisé. Il est composé de journaux de premières écritures ou journaux divisionnaires qui sont totalisés quotidiennement sur un journal général, pour être reportés sur un journal grand-livre. Ce sont ces différents livres, qui sont en concordance, qui permettent l'établissement, en fin d'exercice, du compte de gestion. Le patrimoine de l'État, comme celui des collectivités locales, est retracé dans des comptes de bilan et les comptables présentent un état de l'actif et du passif.

La Directive UEMOA du 24 juin 2011 sur le régime financier des collectivités territoriales prévoit une comptabilité fortement inspirée de la nouvelle comptabilité de l'État instituée par la Directive UEMOA portant lois de finances du 26 juin 2009. Le comptable de la collectivité locale tient, selon l'article 136, une double comptabilité, à savoir une comptabilité budgétaire et une comptabilité générale.

72- La comptabilité budgétaire est conçue pour le suivi de l'exécution des opérations de recettes et de dépenses, et composée obligatoirement d'un journal des recettes et d'un journal des dépenses. Au vu des dispositions de l'article 137, cette comptabilité inclut un état de « consommation des crédits » et un état de « réalisation des recettes et des dépenses ». Quant à la comptabilité générale, son objet est de décrire la situation financière et le patrimoine de la collectivité locale. C'est une comptabilité à partie double, fondée sur le principe des droits constatés. Elle est composée d'un journal des recettes, d'un journal des dépenses, d'un journal des opérations diverses, d'un journal des disponibilités au Trésor et d'un grand-livre. Celui-ci reprend le détail des opérations par compte. Mensuellement, le comptable présente à l'ordonnateur la balance générale des comptes, la situation d'exécution budgétaire et la situation financière de la collectivité locale. À la fin de la gestion, le comptable produit le compte de gestion et les états financiers qui l'accompagnent, à savoir le compte de résultat, le bilan, le tableau de flux de trésorerie et les états annexés.

Section II. La nomenclature du budget local

73- Par nomenclature, il faut entendre la classification, ou regroupement, des opérations dans un budget ou une comptabilité. On peut encore parler de « plan de comptes », notion synonyme de celle de nomenclature. Cette nomenclature fait l'objet de l'arrêté interministériel n° 10830 du 1er décembre 1993, modifié par les arrêtés n° 623 du 30 janvier 1997 et n° 4080 du 3 juin 1998. Au plan communautaire, la nomenclature budgétaire et comptable des collectivités locales est fixée par la Directive UEMOA du 24 juin 2011 en son article 2, par renvoi à deux annexes portant, l'une sur la nomenclature budgétaire, l'autre sur la nomenclature comptable, qui font partie intégrante de cette Directive. Deux catégories de nomenclatures sont retenues : des nomenclatures obligatoires et des nomenclatures facultatives.

Paragraphe I. Les nomenclatures obligatoires

La classification des opérations par nature et la classification fonctionnelle constituent, selon l'Annexe relative à la nomenclature budgétaire des collectivités locales précitée, un cadre de référence obligatoire.

A. La classification par nature

74- Encore appelée classification économique, comme dans l'Annexe à la Directive UEMOA précitée, la classification par nature consiste à regrouper les recettes et les dépenses selon leurs caractéristiques communes, en indiquant de quoi il s'agit. C'est elle qui sert de base à la présentation et au vote du budget, comme énoncé à l'article 5 du décret portant régime financier des collectivités locales du 4 juillet 1966 et des dispositions du Titre IV de la Directive UEMOA du 24 juin 2011 relatif à l'élaboration et à l'approbation du budget des collectivités locales.

La classification par nature part de la division du budget en deux sections, suivie d'une ventilation des opérations à l'intérieur de chaque section.

1. La division du budget en deux sections

Comme il s'agit d'une nomenclature par nature, le budget est composé d'une section de fonctionnement et d'une section d'investissement.

a. La section de fonctionnement

75- La section de fonctionnement regroupe toutes les opérations de recettes et de dépenses relatives à la gestion courante des collectivités locales. Il s'agit donc d'opérations qui reviennent régulièrement chaque année.

Les recettes de la section de fonctionnement, appelées « recettes ordinaires » dans la loi du 28 décembre 2013 portant CGCL, comprennent, selon l'arrêté interministériel du 1er décembre 1993 relatif à la nomenclature budgétaire des collectivités locales, les catégories suivantes :

- produits de l'exploitation (redevances pour services rendus, taxes funéraires, etc.) ;
- produits domaniaux (location des immobilisations, droits de voirie, place, stationnement) ;
- impôts locaux (contribution des patentes, foncier bâti, foncier non bâti, etc.) ;
- ristournes d'impôts par l'État (taxe sur les véhicules automobiles et taxe sur les plus-values immobilières) ;
- taxes locales (taxes directes et taxes indirectes) ;
- produits divers (produit des amendes correctionnelles ou de simple police et recettes éventuelles ou imprévues) ;
- dotation de fonctionnement (Fonds de dotations de la décentralisation, etc.) ;
- remboursement, fonds de concours et participations ;
- intérêts et dividendes reçus ;
- travaux d'équipement en régie.

Les dépenses de la section de fonctionnement sont celles qui ont un caractère permanent. Elles comprennent les catégories suivantes :

- matières et fournitures consommées ;
- transports consommés ;
- charges diverses ;
- frais de personnel ;
- impôts et taxes ;
- Intérêts et autres frais financiers ;
- Prélèvement pour dépenses d'investissement.

b. La section d'investissement

76- La section d'investissement regroupe les opérations qui modifient durablement le patrimoine de la collectivité locale.

Les recettes d'investissement comprennent les catégories suivantes :

- dotation (Fonds d'équipement des collectivités locales, dons et legs en capital, etc.) ;
- réserves dont excédents de fonctionnement capitalisés ;
- emprunts ou dettes à long terme, etc.

Les dépenses d'investissement comprennent les catégories suivantes :

- frais et valeurs incorporelles immobilisés ;
- terrains ;
- immobilisations corporelles.

2. La ventilation des opérations à l'intérieur des deux sections

77- À l'intérieur de chacune des deux sections du budget, les recettes et les dépenses de même nature sont regroupées d'abord par chapitres, ensuite par articles à l'intérieur des chapitres. Ce sont donc des chapitres par nature, tant en ce qui concerne les recettes que les dépenses.

Pour les recettes, les chapitres budgétaires regroupent, par exemple, les catégories suivantes :

- les impôts locaux,
- les produits de l'exploitation,
- les produits domaniaux, etc.

À l'intérieur des chapitres, la ventilation des recettes par articles donne, par exemple pour les impôts locaux, les sous-catégories suivantes :

- patente,
- foncier bâti,
- foncier non bâti, etc.

Pour les dépenses, il s'agit de regrouper, par exemple, toutes celles qui sont relatives au personnel (salaire, indemnité, charges sociales).

Comme la nomenclature du budget des collectivités locales est, selon l'article 10 du décret 91-1230 du 14 novembre 1991 portant réforme des plans comptables de l'État et des collectivités locales, une nomenclature unique pour le classement des opérations budgétaires et comptables des opérations, le chapitre et l'article budgétaires correspondent, respectivement, au compte principal codifié sur deux chiffres et au compte divisionnaire codifié sur trois chiffres, dans la comptabilité générale tenue par le comptable de la collectivité locale.

En guise d'illustration :

- Pour les recettes, on a, par exemple :
  - En investissement :
    Chapitre 10- Dotation
    105- Fonds de dotation

  - En fonctionnement :
    Chapitre 72- Impôts locaux
    720- Impôt du Minimum Fiscal

- Pour les dépenses :

On prévoit trois lignes budgétaires : les services, les chapitres et les articles. La codification des services permet d'identifier le service destinataire des crédits. Exemple : Service 313 : Cabinet du maire.

78- L'institution d'un cadre comptable unique, pour le classement budgétaire et pour le classement comptable, facilite la comparaison entre les prévisions (le budget) et les réalisations (la comptabilité). Ce cadre comptable est organisé, en vertu de l'Annexe à la Directive UEMOA du 24 juin 2011, portant sur la nomenclature comptable des collectivités locales, autour des huit classes de comptes suivantes :

- 5 classes de comptes de bilan :
  - classe 1 : comptes de ressources durables à long et moyen terme (ce sont les comptes de capitaux permanents qui retracent, par exemple, les emprunts, les dotations, les subventions, les dons et legs en capital, etc.) ;
  - classe 2 : comptes d'actifs immobilisés (retracent les constructions ou réparations d'immeubles, les immobilisations incorporelles comme les brevets ou licences, les amortissements et provisions, etc.) ;
  - classe3 : comptes de stocks et d'encours (retracent les marchandises, les matières premières, etc.) ;
  - classe 4 : comptes de tiers (retracent les opérations avec les fournisseurs, les clients, etc.) ;
  - classe 5 : comptes de trésorerie (ce sont les comptes financiers qui retracent les titres de placement, les valeurs à encaisser comme les chèques ou les effets, etc.).

- 2 classes de comptes de résultats comprenant :
  - classe 6 : comptes de charges (retracent les achats de biens, les charges de personnel, les subventions, etc.) ;
  - classe 7 : comptes de produits (retracent les ventes de produits et services, les recettes fiscales, les recettes non fiscales, les dotations, etc.).

- 1 classe de comptes spéciaux :
  classe 8 : compte des engagements hors bilan et comptes non budgétaires (retracent les engagements obtenus par la collectivité, les engagements accordés par la collectivité locale et les valeurs inactives).

B. La classification fonctionnelle

1. Des généralités sur la classification fonctionnelle

79- Arrêtée par l'Annexe à la Directive UEMOA du 24 juin 2011 portant sur la nomenclature budgétaire des collectivités locales, la classification fonctionnelle consiste à répartir, par secteur d'activités et par grande masse, les dépenses prévues au budget par nature. Autrement dit, elle porte sur les principales interventions des collectivités locales.

C'est une classification additionnelle qui permet, quand le budget est présenté et voté par nature, de compléter l'information financière d'un point de vue des politiques publiques locales car chaque fonction correspond à une politique publique. Ainsi, la présentation croisée « nature-fonction » permet de connaître les efforts fournis par les collectivités locales dans leurs principaux domaines d'intervention (santé, éducation, sécurité, etc.). En plus du vote du budget par nature, le conseil de la collectivité locale a la faculté de voter le budget par fonction.

2. Les différentes fonctions retenues

80- Les neuf fonctions qui sont retenues sont les suivantes :

- services généraux des administrations publiques territoriales ;
- ordre et sécurité publics ;
- affaires économiques ;
- protection de l'environnement ;
- logement, aménagement et services collectifs ;
- santé ;
- loisirs, culture et culte ;
- enseignement ;
- protection sociale.

Les fonctions sont réparties en chapitres, qui sont des sous-fonctions. Des subdivisions en articles sont possibles si la collectivité locale veut affiner la présentation.

Paragraphe II. Les classifications facultatives

Parmi les classifications facultatives, on peut distinguer la classification par programmes des autres classifications.

A. La classification par programmes

81- Selon l'Annexe portant nomenclature budgétaire des collectivités locales précitée, les collectivités locales peuvent décomposer leurs crédits budgétaires en programmes, en vue d'une optimisation dans l'atteinte des résultats attendus. Cet énoncé renvoie au budget par programmes, tel qu'il est introduit pour l'État par la Directive UEMOA relative aux lois de finances du 26 juin 2009, car c'est la performance qui est visée contrairement au budget de moyens fondé sur une logique de simple consommation des crédits. En effet, dans le budget par programmes, des objectifs sont fixés aux gestionnaires et des indicateurs sont arrêtés pour mesurer les résultats attendus.

On peut penser qu'en maintenant le budget de moyens et en disposant que le budget par programmes constitue une simple faculté pour les collectivités locales, les auteurs de la Directive UEMOA du 24 juin 2011 portant régime financier des collectivités locales et des textes subséquents ont voulu faire preuve de sagesse au regard des difficultés et des lenteurs constatées dans l'application par les États membres de l'UEMOA du budget par programmes. N'empêche, les collectivités locales ne sauraient rester en dehors des préoccupations actuelles de modernisation de la gestion publique centrées sur la recherche d'efficacité dans une démarche de performance. En ce sens, une expérimentation du budget par programmes peut être envisagée pour les collectivités locales d'une certaine importance avant son extension graduelle aux autres.

B. Les autres classifications facultatives

82- Ce sont les mêmes classifications que celles prévues pour le budget de l'État par la Directive UEMOA du 26 juin 2009. Il s'agit de la classification par sources de financement qui permet d'identifier et de suivre les moyens de financement des dépenses budgétaires (fonds propres, dons, prêts), et de la classification par bénéficiaire qui permet d'établir un lien entre la dépense budgétaire et le destinataire final.

TITRE II

LE FINANCEMENT DES BUDGETS LOCAUX

Les ressources sont les moyens par lesquels les collectivités locales financent leurs budgets. Elles sont aussi nombreuses que variées. On peut cependant les présenter en distinguant les ressources internes (Chapitre I) et les ressources externes (Chapitre II).

CHAPITRE I

LES RESSOURCES INTERNES

83- L'expression « ressources internes » est souvent assimilée à celle de « ressources propres ». Elles sont censées garantir l'autonomie financière des collectivités locales. Pour délimiter le champ des ressources propres, il faut, au préalable, exclure les ressources d'ordre, c'est-à-dire celles qui ne se traduisent par aucun encaissement ou décaissement. Pour le reste, à savoir les ressources réelles, en l'absence de critère permettant de les identifier, il faut s'en remettre à l'énumération qu'en donne la loi. Ainsi, selon l'article 51 de la Directive UEMOA du 24 juin 2011, « les ressources propres » des collectivités locales sont constituées des ressources fiscales, des redevances pour services rendus, des produits du domaine, des participations d'urbanisme, des produits financiers et des dons et legs. Le fait de viser les dons et legs, qui sont des ressources aléatoires, montre les difficultés de délimitation de la notion de ressources propres. Celle de ressources internes paraissant plus opératoire, elle sera retenue avec une présentation qui distingue les ressources internes en ressources fiscales (Section I) et en ressources non fiscales (Chapitre II).

Section I. Les ressources fiscales

84- Les ressources fiscales des collectivités locales peuvent provenir d'impôts partagés avec l'État ou d'impôts exclusivement locaux. Pour les impôts partagés, on peut rappeler le cas prévu par la loi de finances pour 1966 - 1967 dont l'article 17 répartit le produit de certaines amendes de composition entre l'État et les communes sur le territoire desquelles les infractions sont commises.

Des impôts exclusivement locaux peuvent être intégrés avec des impôts d'État dans une même contribution, pour être reversés ensuite aux collectivités locales. Il s'agit de la « Contribution globale foncière » (CGF)[39] et de la « Contribution globale unique » (CGU)[40]. Ces impôts synthétiques sont institués dans un souci de simplification en permettant aux titulaires de revenus fonciers modestes et aux petites entreprises de s'acquitter en une seule fois de leurs obligations fiscales.

Les ressources fiscales exclusivement locales, dont il sera question, constituent le premier poste de recettes des collectivités locales, avec un taux de 37,10 % du montant total des recettes de fonctionnement[41]. Il convient de préciser que les statistiques en matière de fiscalité des collectivités locales n'intéressent pas les départements qui ne sont pas encore dotés de fiscalité propre et qui, de ce fait, dépendent essentiellement des concours financiers de l'État.

Dans l'énumération des recettes fiscales faite par la loi du 28 décembre 2013 portant CGCL, on peut faire une distinction entre les impôts directs et les impôts indirects.

Paragraphe I. Les impôts directs locaux

Il y a lieu de distinguer les principaux impôts directs des autres impôts directs des collectivités locales.

---

[39] Selon l'article 74 de la loi n° 2012-31 du 31 décembre 2012, la CGF est représentative de l'impôt sur les revenus fonciers, de l'impôt du minimum fiscal, de la contribution foncière sur les propriétés bâties, de la contribution foncière sur les propriétés non bâties, de la taxe sur la valeur ajoutée et de la contribution forfaitaire à la charge des employeurs.

[40] La CGU est représentative de l'impôt sur le revenu assis sur les bénéfices industriels et commerciaux, l'impôt du minimum fiscal, la contribution des patentes, la taxe sur la valeur ajoutée, la contribution forfaitaire à la charge des employeurs et la licence des débits de boissons. De l'exercice 2015 à l'exercice 2016, le produit de cette imposition passe de 208 257 776 francs CFA à 937 122 452 francs CFA, soit une hausse de 300 %.

[41] Ministère de l'Économie, des Finances et du Plan, Introduction au Débat d'orientation budgétaire, op-cit.

A. Les principaux impôts directs locaux

L'essentiel de la fiscalité directe locale est composé d'impôts fonciers, à savoir la Contribution Foncière sur les Propriétés Bâties (CFPB), la Contribution Foncière sur les Propriétés Non Bâties (CFPNB) et de la patente dont la réforme débouche sur l'adoption de la Contribution Économique Locale (CEL)

1. Les impôts fonciers

Les impôts fonciers sont la Contribution Foncière sur les Propriétés Bâties (CFPB), la Contribution Foncière sur les Propriétés Non Bâties (CFPNB), qui sont les plus importants, et la Surtaxe foncière sur les propriétés insuffisamment bâties.

a. La Contribution Foncière sur les Propriétés Bâties (CFPB)

85- La Contribution Foncière sur les Propriétés Bâties (CFPB), régie par las articles 283 et suivants CGI, frappe, de façon générale, toutes les propriétés bâties, comme les maisons, les constructions à vocation économique, telles que les usines, fabriques et manufactures, et en général, tous les immeubles construits en maçonnerie, fer et bois. La CFPB est étendue aux terrains formant une dépendance indispensable et immédiate de ces constructions, aux terrains non cultivés, mais destinés à un usage commercial ou industriel, comme les chantiers et les lieux de dépôt de marchandises, ainsi qu'à l'outillage et à toutes installations industrielles ou commerciales attachés à un établissement industriel. La loi du 20 mars 2018 modifiant le Code général des impôts, en son article 2, abroge les dispositions du Code prévoyant la taxation du matériel et de l'outillage, en cohérence avec les dispositions du nouvel article 329 sur la détermination de la valeur locative concernant la Contribution Économique Locale[42].

---

[42] Voir infra, p 91.

La CFPB est perçue au profit de la Ville ou des communes si les redevables exercent leurs activités dans des infrastructures ou des équipements marchands[43].

86- Il y a des exemptions permanentes et des exemptions temporaires.

Les exemptions permanentes sont au nombre de dix, parmi lesquelles on peut citer les immeubles, bâtiments et constructions appartenant à l'État, aux collectivités locales et aux établissements publics, dès lors qu'ils sont affectés à un service public et ne génèrent pas de revenus, les édifices servant à l'exercice public du culte et les immeubles à usage scolaire non productifs de revenus fonciers.

Les exemptions temporaires sont prévues pour les entreprises minières et pétrolières, et pour les constructions nouvelles. Les entreprises minières et pétrolières sont exemptées pour toute la durée de validité du permis de recherche, y compris ses renouvellements. L'exonération s'étend à la phase de réalisation des investissements et aux trois premières années de la phase d'exploitation. Toutefois, l'exonération ne s'applique pas aux immeubles d'habitation. Quant aux constructions nouvelles, y compris les reconstructions et additions de constructions, elles ne sont soumises à la CFPB qu'à partir de la sixième année suivant celle de leur achèvement.

87- La base imposable est constituée par la valeur locative. La valeur locative correspond au prix que le propriétaire retire de son immeuble s'il le donne à bail. Elle est déterminée selon la méthode cadastrale, encore dénommée méthode de la surface corrigée, qui se fonde sur des éléments comme la surface, le nombre de pièces, les matériaux utilisés pour arrêter la valeur de l'immeuble. À défaut, la valeur locative est fixée par comparaison avec des locaux dont le loyer aura été régulièrement constaté ou notoirement connu.

---

[43] Article 185 de la loi portant CGCL du 28 décembre 2013.

Les abattements de 50 % pour le matériel et de 40 % pour les bâtiments, à l'exception des terrains, initialement appliqués pour la détermination du revenu net imposable, sont supprimés par la loi du 27 janvier 2004 qui modifie le CGI. La base imposable est désormais constituée de la valeur locative annuelle. À ce revenu net, on applique le taux de l'impôt qui est de 5 % pour les immeubles autres qu'usines et 7,5 % pour les établissements industriels et assimilés, et non plus 15 %.

Des remises et des modérations peuvent être obtenues pour perte de revenus résultant de vacance d'immeuble ou de chômage d'établissement. Mais il doit être établi que ces circonstances sont indépendantes de la volonté du redevable. En 2016, la CFPB rapporte 949 584 136 francs CFA contre 1 212 967 043 en 2015, soit une baisse de 22,16 %[44].

b. La Contribution Foncière sur les Propriétés Non Bâties (CFPNB)

88- La Contribution Foncière sur les Propriétés Non Bâties (CFPNB), régie par les articles 296 et suivants du CGI, est établie au profit des communes et s'applique aux terrains immatriculés ou non, et à ceux où sont édifiées des constructions non adhérentes au sol, situés dans le périmètre des collectivités locales. Sont également imposés, les terrains en construction, si les travaux ne sont pas achevés à la fin de la troisième année de leur début. Les assujettis à la CFPNB sont le propriétaire, le possesseur ou le simple détenteur du sol, voire l'usufruitier ou l'emphytéote, en cas d'usufruit ou de bail emphytéotique.

89- Les exemptions à la CFPNB sont au nombre de huit. Elles s'appliquent, par exemple, aux terrains appartenant à l'État et aux communes et à ceux formant une dépendance immédiate des

---

[44] Ministère de l'Économie, des Finances et du Plan, Introduction au DOB 2017, op-cit.

immeubles construits en dur et destinés à l'habitation. De même, en sont exemptées, mais de manière temporaire, les entreprises minières et pétrolières exemptées de la Contribution Foncière sur les Propriétés Bâties.

L'assiette est constituée par la valeur vénale des terrains au 1er janvier de l'année d'imposition, et le taux fixé à 5 % de la valeur vénale. Pour l'exercice 2016, le montant recouvré de la CFPNB a quadruplé par rapport à l'exercice 2015.

c. La surtaxe foncière

90- La surtaxe foncière, régie par les articles 303 et suivants du CGI, est instituée sur les terrains non bâtis ou insuffisamment bâtis. Les terrains insuffisamment bâtis sont définis comme ceux dont la valeur vénale des constructions qui y sont édifiées est inférieure à leur propre valeur vénale. C'est une imposition qui est établie indépendamment de la contribution foncière sur les propriétés non bâties. Elle fait l'objet d'une côte unique pour l'ensemble des terrains imposables situés dans la même localité. Elle s'applique dans les communes de la région de Dakar et dans les autres communes chefs-lieux de régions. Son objectif est de lutter contre la spéculation foncière et de taxer les rentes découlant du renchérissement des prix des terrains[45].

91- Les trois exemptions à la surtaxe foncière qui sont prévues concernent les terrains pour lesquels les textes réglementaires posent une interdiction générale et absolue de construire, en raison de leur situation topographique, les terrains qui font l'objet d'une interdiction temporaire de construire édictée par les autorités locales et justifiée par des considérations étrangères à la volonté du propriétaire, et les terrains exemptés de la CFPNB.

---

[45] Ministère de l'Économie, des Finances et du Plan, Étude sur la fiscalité locale, Document de synthèse, Rapport final préparé par le Cabinet Sada consulting.

92- Pour déterminer le montant de la surtaxe foncière, on prend comme base le total des valeurs vénales des terrains imposables auquel on applique un taux qui varie, selon les communes de la région de Dakar et les autres communes chefs-lieux de régions, entre 1 % et 3 %. Pour le redevable au nom duquel elle est établie, la surtaxe foncière fait l'objet d'une cote unique pour l'ensemble des terrains bâtis ou non bâtis.

2. De la contribution de la patente à la nouvelle Contribution Économique Locale (CEL)

93- La patente est un impôt professionnel qui rapporte le plus aux collectivités locales. En 2016, pour l'ensemble des collectivités locales, les recouvrements se montent à 24 840 512 832 francs CFA, ce qui représente 79,03 % du total des recettes fiscales, et une évolution de 200 % par rapport à l'exercice 2015[46]. Elle vient de faire l'objet d'une réforme qui institue la Contribution Économique Locale.

a. Les raisons de l'abandon de la patente

Si la patente a l'avantage de garantir la stabilité des recettes, elle a toujours été perçue comme un impôt dont les règles d'assiette sont très complexes. Au départ, elle se composait d'une patente de droit commun et d'une patente forfaitaire, avec plusieurs éléments qu'il fallait additionner pour obtenir le montant dû par le redevable. Ces éléments étaient le droit fixe, le droit proportionnel, les centimes additionnels, la taxe des locatives des locaux professionnels et la taxe complémentaire à la patente.

Avec la loi du 24 janvier 2004, les contribuables qui relevaient de la patente forfaire (le Tableau C) étaient assujettis à la Contribution Globale Unique et il n'existait plus alors qu'un seul régime de patente applicable aux contribuables relevant du régime d'imposition du

[46] Ministère de l'Économie, des Finances et du Plan, Introduction au débat d'orientation budgétaire, op-cit

bénéfice réel. Ainsi, seule la patente de droit commun figurait dans les dispositions de l'article 324 du Code général des impôts. En outre, le législateur a voulu simplifier le système de taxation en ne retenant que deux composantes, à savoir le droit fixe et le droit professionnel, et deux tableaux, A et B, entre lesquelles les entreprises étaient réparties.

Les entreprises du tableau A sont réparties en cinq classes et on institue, pour chaque classe, un droit fixe et un droit proportionnel. Par exemple, pour la première classe qui regroupe les professions, activités, exploitations et entreprises dont le chiffre d'affaires ou les recettes ne dépassent pas 500 millions de francs CFA, le droit fixe est de 800 000 francs CFA et le droit proportionnel de 19 %.

Les entreprises du tableau B sont réparties en deux parties. La première partie regroupe les professions pour lesquelles le taux du droit proportionnel est fixé en fonction du niveau du chiffre d'affaires. On leur applique ainsi un droit proportionnel qui varie entre 23 % et 25 % du chiffre d'affaires, et un droit fixe pour l'ensemble des entreprises. Pour les professions de la deuxième partie, l'imposition ne comporte qu'un droit proportionnel calculé sur la base d'un pourcentage du chiffre d'affaires. Ainsi, par exemple, les abattoirs sont imposés au taux de 3 % du chiffre d'affaires.

Par ailleurs, on considère qu'étant basée sur le capital physique des entreprises, la patente présente l'inconvénient de constituer un frein à la croissance et à l'emploi du fait que la taxation de l'investissement décourage celui-ci. Il s'y ajoute, comme le relève le Comité technique dans sa note d'étape du 24 juin 2015, que c'est un impôt inéquitable puisqu'il conduit à une sur taxation du secteur industriel, dont on sait qu'il ne contribue que pour 20 % du PIB, mais qui supporte plus de 40 % des émissions de patente, et à une sous-taxation du secteur commercial, au regard de sa capacité contributive.

b. La Contribution Économique Locale (CEL)

94- C'est la loi du 31 décembre 2012 portant CGI elle-même qui, en son article 324, prévoit qu'à compter du 1er janvier 2014, la patente devait être remplacée par la Contribution Économique Locale. Le processus de réforme débute avec la réunion, tenue le 24 juin 2015, par le comité technique mis en place pour formuler des propositions en ce sens. L'aboutissement est la loi votée par l'Assemblée nationale le 20 mars 2018 qui, en son article 60, introduit un nouveau Chapitre IV intitulé « Contribution Économique Locale ». Il comporte des dispositions générales et des dispositions spécifiques.

b.1. Les dispositions générales

95- La CEL, perçue au profit des communes, est due, comme l'ancienne patente, par les personnes exerçant au Sénégal un commerce, une industrie et une profession, soumises à un régime d'imposition du bénéfice réel, à l'exclusion de celles qui exercent une activité salariée au sens du Code du travail[47]. Elle se compose de deux contributions, l'une assise sur la valeur locative, l'autre sur la valeur ajoutée. L'article 340 prévoit un régime particulier pour les exploitants d'installations portuaires qui ne sont soumis qu'à une seule imposition au titre de la CEL, fixée à 1, 5 % du chiffre d'affaires réalisé durant l'année précédant celle de l'imposition, et dont le produit est affecté aux communes sur le territoire desquelles sont situées les installations.

96- Il est prévu des exemptions permanentes et des exemptions temporaires.

Le nombre d'exemptions permanentes, qui était de neuf pour l'ancienne patente, est ramené à huit avec la suppression de celle accordée aux transporteurs publics de personnes et de marchandises.

---

[47] Article 320.

Sont désormais exemptés de la CEL :

- l'État, les collectivités territoriales et les établissements publics ; sont désormais exclus les établissements publics à caractère industriel ou commercial ou les organismes de l'État ou des collectivités territoriales ayant le même caractère ;
- les peintres, sculpteurs, graveurs et dessinateurs considérés comme artistes et ne vendant que le produit de leur art ;
- les cultivateurs, seulement pour la vente et la manipulation des récoltes et fruits provenant des terrains qui leur appartiennent ou qu'ils exploitent eux-mêmes, et pour le bétail qu'ils y élèvent ;
- les associés des sociétés imposables elles-mêmes à la CEL, sauf s'ils exercent une autre activité ;
- les établissements publics ou privés ayant pour but de recueillir les enfants et de leur donner une formation ou une profession à titre gratuit ;
- les caisses d'épargne ou de prévoyance administrées gratuitement ;
- les coopératives qui ne vendent et n'achètent qu'à leurs adhérents, dans la limite de leurs statuts ;
- Les établissements scolaires privés d'enseignement général.

Il convient de noter que, si le champ d'application des deux impôts constituant la CEL est identique, les exonérations ne sont pas tout à fait les mêmes puisque les entreprises relevant de la loi n° 2008-47 du 3 septembre 2008 portant réglementation des systèmes financiers décentralisés sont exemptées de la contribution sur la valeur ajoutée.

Les exemptions temporaires sont prévues pour :

- les entreprises minières ou pétrolières titulaires de permis de recherche, pour toute la durée de validité du permis et de ses renouvellements. Cette exemption s'étend à la phase de réalisation des investissements ou de développement, mais ne peut dépasser la durée de validité prévue par les textes régissant les secteurs concernés ou l'année suivant celle de la première production ;

- les entreprises titulaires de concessions minières pour une durée de trois ans à compter de l'année de la première production ;
- les entreprises exportatrices, notamment celles bénéficiant de réductions d'impôt pour la promotion des énergies renouvelables.

b.2. Les dispositions spécifiques

b.2.1. La contribution sur la valeur locative

97- C'est une contribution foncière puisqu'elle est basée sur la valeur locative des locaux, des installations et des terrains, à l'exclusion de la partie des locaux et des appartements servant de logement ou d'habitation. Dans le but de favoriser l'investissement, les moyens matériels ne sont plus pris en compte dans la détermination de la valeur locative. La valeur locative est constituée :

- pour les locaux, les installations et les terrains utilisés pour les besoins d'une activité imposable, la valeur locative est le prix que le propriétaire pourrait retirer de ses immeubles lorsqu'il les donne à bail. Elle est déterminée selon la méthode cadastrale ;
- pour les locaux pris en location, la valeur locative est égale au montant du loyer facturé ;
- pour les locaux mis à disposition, la valeur locative constitue la base imposable, déterminée par comparaison, à défaut, selon la méthode applicable aux locaux, installations et terrains.

Le taux applicable est de 15 % pour les locaux loués ou occupés à titre gratuit, et 20 % pour les locaux, terrains et installations inscrits à l'actif du bilan du contribuable.

b.2.2. La contribution sur la valeur ajoutée

b.2.2.1. Le montant de la contribution sur la valeur ajoutée

98- Le montant de la contribution est calculé en appliquant à la base imposable le taux prévu par la loi.

La valeur ajoutée pour les entreprises soumises à la CEL est constituée par l'excédent des produits sur les charges admises en diminution de la valeur ajoutée. Les produits et les charges à prendre en compte sont déterminés en distinguant les entreprises autres que les banques, les établissements financiers et les entreprises d'assurance, les banques et établissements financiers, et les entreprises d'assurance.

La valeur ajoutée est plafonnée à un montant fixé à 70 % du chiffre d'affaires. Pour les contribuables autres que les banques et assurances, le chiffre d'affaires correspond, notamment, au montant total des ventes, des prestations de services et des autres produits, pour les banques, à l'ensemble des intérêts et produits financiers, les commissions et autres produits d'exploitation, les commissions, et les plus-values sur cession des éléments de l'actif immobilisé, et les entreprises d'assurance, par les primes et accessoires des primes de l'exercice, les commissions et participations reçues de l'exercice, les commissions et participations reçues des réassureurs.

Le taux de la contribution est fixé à 1 % de la valeur ajoutée dégagée au cours de l'exercice considéré.

Le montant obtenu en appliquant ce taux à la valeur ajoutée ne peut être inférieur à 0,15 % du chiffre d'affaires. Ce taux est ramené à 0,075 % pour les entreprises opérant dans les secteurs à faible marge ou dans ceux où les prix sont réglementés, tels qu'ils sont déterminés par arrêté du ministre chargé des Finances.

b.2.2.2. La péréquation du produit de la contribution sur la valeur ajoutée

99- Il convient de rappeler que la péréquation est un mécanisme destiné, au-delà des politiques d'aménagement du territoire et de répartition des services publics, à établir une certaine égalité de chance entre les collectivités locales en raison des inégalités de développement qui existent entre elles[48]. Elle peut être « verticale » quand elle est mise en œuvre par l'État à travers les dotations qu'il accorde aux collectivités locales, ou « horizontale », quand elle opère entre collectivités locales, par une redistribution de leurs ressources fiscales au profit de celles qui sont les moins prospères.

En l'espèce, il s'agit de la « péréquation horizontale » et elle porte sur la composante/valeur ajoutée de la Contribution Économique Locale. En effet, alors que le produit de la contribution sur la valeur locative est perçu au profit de la collectivité locale sur le territoire de laquelle les locaux d'exploitation sont situés, le produit de la contribution sur la valeur ajoutée est perçu, selon l'article 339, au profit de l'ensemble des communes du Sénégal.

L'introduction de la péréquation fiscale au niveau national, comme au cas présent, n'est pas un fait nouveau puisqu'elle était appliquée entre les anciennes communautés rurales. Elle portait sur la taxe rurale, leur principale ressource, instituée par la loi n° 72-59 du 12 janvier 1972, comme contribution à laquelle était assujetti tout contribuable résidant hors des communes. C'est la loi n° 76-60 du 28 juin 1976 portant loi de finances pour 1976-1977 qui avait institué, en son article 18, un prélèvement sur le budget des communautés rurales d'une portion égale à 25 % du produit de la taxe rurale, destinée à

---

[48] R. Hertzog, « A propos de la péréquation dans les finances locales », RFFP, 1991, n° 34, pp 57-78.

alimenter un fonds national de solidarité pour le développement des communautés rurales.

100- La péréquation fiscale au Sénégal trouve sa première justification dans les limites de la politique d'aménagement du territoire et de la politique de décentralisation freinée par le manque de viabilité des territoires[49]. Le choix de la Contribution Économique Locale pour sa mise en œuvre s'explique au regard des énormes disparités fiscales constatées à propos de la patente et qui sont la conséquence de son assise économique. D'après le dernier recensement général des entreprises effectué en 2016 par l'Agence Nationale de la Statistique et de la Démographie (ANSD), parmi les 407 882 unités économiques que compte le Sénégal, 39,5 % sont implantées dans la région de Dakar, contre 11,5 pour la région de Thiès et 5,9 % pour la région de Diourbel.

Dès lors, le produit de la patente est inégalement réparti entre les collectivités locales. Ainsi, pour la Ville de Dakar, d'après le compte administratif de l'exercice 2016, le montant de la patente s'élève à 19,3 milliards de francs CFA soit 89, 11 % du montant total des recettes fiscales et 83,77 % des recettes totales de fonctionnement. En revanche, pour une commune rurale comme celle de Médina Gounass, la patente est évaluée à 4,5 millions de francs CFA dans le budget de l'exercice 2017, soit 0,02 % du montant de la patente recouvrée au profit de la Ville de Dakar pour l'exercice 2016.

Reste maintenant à régler le problème de la répartition du produit de la contribution sur la valeur ajoutée puisque l'article 339 renvoie à la loi pour en déterminer les règles. Les critères de répartition généralement utilisés sont la capacité d'investissement, le nombre d'habitants et la richesse fiscale analysée à travers l'examen des bases et du produit par habitant des principaux impôts directs perçus par la collectivité locale.

---

[49] Voir exposé des motifs de la loi portant CGCL du 28 décembre 2013.

B. Les autres impôts directs locaux

1. L'impôt du Minimum Fiscal (IMF) et la Taxe Représentative de l'Impôt du Minimum Fiscal (TRIMF)

101- L'Impôt du Minimum Fiscal, régi par les articles 270 et suivants du CGI, est perçu au profit des communes. Les assujettis sont les personnes résidant au Sénégal et qui sont âgées de quatorze ans au moins. Ils sont répartis en plusieurs catégories. Il y a une catégorie exceptionnelle constituée par les commerçants dont le chiffre d'affaires est supérieur à 100 millions de francs CFA, et par les propriétaires dont la valeur locative est supérieure ou égale à 12 millions de francs CFA. Les autres assujettis sont répartis en quatre catégories.

Les exemptions à l'IMF concernent les personnes suivantes :

- les indigents, les hommes de troupe et les sous-officiers pendant la durée légale de leur service ;
- les enfants régulièrement inscrits dans un établissement, considérés comme à charge au regard de l'impôt sur le revenu ;
- les mutilés et réformés de guerre, ainsi que les victimes des accidents de travail dont le degré d'invalidité atteint 50 % ;
- les personnes qui étaient à la charge d'un contribuable décédé et qui touchent une pension à ce titre ;
- les personnes atteintes d'infections chroniques graves ;
- les aveugles ;
- les bénéficiaires de traitements publics ou privés, indemnités, pensions, émoluments et rentes, assujettis à la Taxe Représentative de l'Impôt du Minimum Fiscal.

Dans chaque famille, le nombre de personnes imposables est inscrit au nom du mari, compte non tenu de l'épouse si elle dispose de revenus. Les rôles sont nominatifs pour les contribuables relevant des quatre premières catégories, et numériques pour la dernière catégorie. Les tarifs vont de 600 francs pour la dernière catégorie à 24 000 francs pour la catégorie exceptionnelle. L'IMF est le deuxième poste de recettes après la contribution des patentes, avec, pour l'exercice 2016, un montant de 4 410 144 255 francs, soit un taux de 14,03 % du montant total des recettes fiscales et une hausse spectaculaire de 500 % par rapport à l'exercice 2015. Cette performance est expliquée par une meilleure maîtrise du cadre juridique par les anciennes communes d'arrondissement qui sont devenues des communes et par le remplacement par l'IMF de la taxe rurale qui était la principale ressource des anciennes communautés rurales[50].

Les assujettis à la Taxe Représentative de l'Impôt du Minimum Fiscal sont les personnes résidant au Sénégal et qui perçoivent des traitements publics ou privés, des indemnités, des émoluments, des pensions ou des rentes viagères. Il faut préciser que les enfants âgés d'au moins quatorze ans et qui sont salariés, sont personnellement imposables.

Il y a deux catégories de personnes qui restent en dehors du champ de cet impôt. C'est, d'une part, celle des personnes qui exercent au Sénégal une activité au titre de l'assistance technique étrangère fournie par un État ou un organisme international, d'autre part, celle des personnes bénéficiaires de pensions et rentes viagères dont les débiteurs sont domiciliés à l'étranger. Des exemptions sont également prévues en faveur des mêmes personnes bénéficiaires des exemptions à la l'IMF.

La TRIMF est perçue par voie de retenue à la source effectuée au nom du salarié. Les tarifs qui sont fixés compte tenu du revenu brut des contribuables, répartis en six tranches, vont de 900 à 36 000 francs.

---

[50] Ministère de l'Économie, des Finances et du Plan, Introduction au DOB pour 2017, op-cit.

2. La contribution des licences

102- La contribution des licences est un impôt perçu au profit des communes. Les assujettis sont les personnes ou les sociétés qui ont comme activité la vente, en gros ou en détail, de boissons alcoolisées ou fermentées. Peu importe qu'elles soient consommées sur place ou emportées. C'est un impôt qui est indépendant de la patente.

Les tarifs sont fixés selon un tableau qui distingue les communes de la région de Dakar et les autres communes chefs-lieux de régions. Chaque tableau comporte cinq classes avec des tarifs différents selon les classes. Les droits sont réglés de manière forfaitaire et le paiement doit intervenir dans les deux mois de la mise en recouvrement du rôle.

3. Le produit des centimes additionnels.

103- Les centimes additionnels sont des contributions qui viennent s'ajouter à certains impôts directs. Historiquement, ils sont créés, en France, à l'époque où les collectivités locales ne disposent pas d'impôts indépendants de ceux de l'État, les quatre vieilles contributions étant perçues à la fois au profit de l'État et des collectivités locales. Quand ces contributions sont supprimées pour l'État à la suite de l'introduction d'impôts modernes sur le revenu, on maintient fictivement le principal pour permettre aux collectivités locales de continuer à percevoir les centimes[51].

Aujourd'hui, les centimes sont des adjonctions à la contribution des patentes, de l'IMF, de la TRIMF et des droits de licence. Les centimes additionnels sont créés par délibération des assemblées locales, dans la limite fixée par la loi. À titre d'exemple, on peut rappeler que le nombre de centimes créés par la loi n° 77-66 du 4 juin 1966 est fixé à 18 par la loi de finances pour 1977-1978. Les centimes sont perçus sur les mêmes rôles que ceux de la contribution à laquelle ils s'appliquent.

---

[51] Voir L. Trotabas et J-M Cotteret, Droit fiscal, 8e édition, Paris, Dalloz, 1997, p233.

4. Les « taxes directes »

L'expression « taxe directe » est utilisée par la loi portant CGCL du 28 décembre 2013, mais les contributions dont il s'agit sont en réalité des impôts directs. C'est parce que dans les finances locales, le mot « taxe » revêt souvent un sens générique car il est utilisé à la fois pour le paiement d'un service rendu et pour désigner un impôt proprement dit. Les taxes directes sont au nombre de six, dont la plus connue est la Taxe d'Enlèvement des Ordures Ménagères (TEOM).

a. La Taxe d'Enlèvement des Ordures Ménagères (TEOM)

104- La TEOM est, en principe, un impôt direct qui constitue une annexe à la Contribution Foncière sur les Propriétés Bâties. En effet, elle s'applique à toutes les propriétés assujetties à cette contribution ou qui en sont temporairement exemptées. Elle est instituée pour financer l'enlèvement des ordures ménagères. Cependant, l'arrêté interministériel du 1er décembre 1993 relatif à la nomenclature budgétaire des collectivités locales classe la TEOM dans la liste des redevances pour service rendu. Il en est de même de la nomenclature budgétaire de certaines collectivités locales comme la Ville de Dakar où elle constitue d'ailleurs le seul poste de recettes du chapitre budgétaire relatif aux produits d'exploitation pour l'exercice 2016.

Mais, en théorie, la TEOM peut être distinguée de la taxe puisqu'elle n'est pas instituée en contrepartie d'un service rendu, mais en raison de l'utilisation de l'ouvrage public et de son entretien. Elle peut être aussi distinguée de la redevance pour service rendu, définie essentiellement selon le critère de l'équivalence par la jurisprudence administrative. C'est dire que le montant du prélèvement doit correspondre au coût réel de la prestation fournie, ce qui n'est pas le cas de la TEOM.

Les produits de la TEOM connaissent une augmentation notable de près de 42, 81 % entre les exercices 2015 et 2016[52].

Les exemptions concernent, notamment, les usines, les établissements militaires, les maisons ou parties de maisons louées à des services publics, les immeubles à usage médical, culturel ou d'enseignement

La base imposable de la TEOM est constituée par la valeur locative servant de calcul à la CFPB. Le taux est fixé à 3,6 % pour les communes situées à Dakar et à 3 % pour les autres communes.

b. Les autres taxes directes

105- Les autres taxes directes sont composées de :

- la taxe sur la valeur des locaux servant à l'exercice d'une profession ;
- la taxe de balayage ;
- la taxe de déversement à l'égout ;
- les licences à la charge des commerçants de boissons en addition au droit de licence ;
- la taxe sur les machines à coudre.

Paragraphe II. Les impôts indirects locaux

106- Ce sont les impositions que la loi portant CGCL du 28 décembre 2013 qualifie de « taxes indirectes ». Ils sont au nombre de onze dont :

[52] Voir MEFP, Introduction au débat d'orientation budgétaire pour 2017, op-cit.

A. La taxe sur l'électricité consommée et la taxe sur l'eau

Ce sont deux impôts du fait de l'absence de contrepartie. Il s'agit, plus précisément, d'impôts indirects, assis sur la consommation, qui connaissent une croissance régulière. Leurs taux élevés de recouvrement s'expliquent par le fait qu'ils sont prélevés automatiquement sur les factures.

B. la taxe sur la publicité

C. la taxe sur la distribution de carburants

Section II. Les ressources non fiscales

Les ressources non fiscales des collectivités locales, telles qu'elles sont déterminées par la loi portant CGCL du 28 décembre 2013 et la Directive UEMOA du 24 juin 2011 peuvent être regroupées selon les catégories qui suivent.

Paragraphe I. Les revenus du domaine

107- Pour le département, l'article 194 fait mention des revenus du domaine sans les détailler. Ce n'est pas le cas pour la Ville (article 185) et la commune (article 195) pour lesquelles on distingue le domaine privé et le domaine public. Ils sont composés de biens meubles et immeubles acquis, selon l'article 13, à titre gratuit ou onéreux. L'État lui-même peut céder aux collectivités locales tout ou partie de ses biens qui relèvent de son domaine privé.

A. Les revenus du domaine privé immobilier

Le domaine privé des collectivités locales est composé des biens dont ils sont propriétaires. Dès lors, elles ont la capacité juridique d'effectuer des actes dont elles tirent des revenus. Ce peut être des actes d'aliénation ou d'exploitation. Les actes d'exploitation comprennent :

- la location de bâtiments ou terrains ;
- les retenues de logement et d'ameublement ;
- la location des souks, loges ou salles de boucherie, restaurants, gargotes et cantines.

B. Les revenus du domaine public

Contrairement au domaine privé, le domaine public des collectivités locales ne peut faire l'objet d'aliénation. Elles ne peuvent donc en tirer que des recettes d'exploitation. C'est l'assemblée délibérante de la collectivité locale qui fixe le montant des droits.

Il y a des revenus communs à la Ville et à la commune. Ce sont :

- les produits des terrains affectés aux inhumations ;
- les produits des concessions dans les cimetières.

Les revenus attribués spécifiquement à la commune sont :

- les produits des droits de places perçus dans les halles, foires, marchés, abattoirs et parcs d'animaux ;
- les produits des permis de stationnement et de location sur la voie publique ;
- les produits des droits de voirie ;
- les droits de fourrière ;
- la taxe sur les terrasses de cafés, balcons et constructions en saillie.

Paragraphe II. Les produits de l'exploitation des services locaux

108- Il s'agit de l'exploitation des services publics à caractère industriel et commercial que les collectivités locales, comme le prévoit expressément l'article 148 de la Directive UEMOA du 24 juin 2011, peuvent créer et exploiter. Elles peuvent aussi les faire exploiter par une personne privée, l'entreprise gérante étant rémunérée par la collectivité locale, selon des conditions fixées par contrat. Elles peuvent gérer seules ces services ou en partenariat avec d'autres personnes publiques ou privées.

Lorsque le service public industriel et commercial est géré directement par la collectivité locale, il est doté d'un budget annexe lorsqu'il jouit de l'autonomie financière ou d'un budget propre lorsque, de surcroît, il jouit de la personnalité morale, selon les dispositions respectives des articles 150 et 153 de la Directive UEMOA du 24 juin 2011. Dans ce dernier cas, il peut s'agir d'un établissement public à caractère industriel et commercial ou de sociétés où la collectivité locale possède la totalité ou la majorité du capital, sous la forme de société d'économie mixte.

De l'exploitation des services publics locaux, les collectivités locales tirent des redevances qui sont des prélèvements opérés sur les usagers du service public industriel et commercial. Ces redevances pour service rendu, l'expression s'appliquant aussi aux services publics administratifs, constituent, selon l'article 149 de la Directive précitée, des « tarifs » qui sont la contrepartie du service rendu aux usagers du service public industriel et commercial. Ces prix sont fixés par le conseil de la collectivité locale. C'est cet élément qui distingue la redevance pour service rendu de la taxe qui est un prélèvement fiscal opéré aussi à l'occasion d'un service rendu.

Dans les faits, les collectivités locales n'ont pas, en général, d'activités industrielles ou commerciales d'envergure. En général, les produits de l'exploitation proviennent d'abonnements et de la vente d'ouvrages, de la vente de matières, de la rétribution de services comme les colonies de vacances, les crèches ou les vidanges. Pourtant, les collectivités locales disposent de potentialités qu'elles pourraient valoriser dans un partenariat avec le secteur privé ou par des financements bancaires ainsi que par le recours au marché financier.

Paragraphe III. Les impôts partagés

109- Les collectivités locales peuvent bénéficier d'une fraction du produit de certains impôts d'État, lorsqu'ils sont perçus sur leurs territoires. Ces ristournes de quotes-parts sont de nature fiscale, mais traitées comme des ressources non fiscales par la loi. Elles sont constituées :

Pour la Ville et la commune :

- du produit des amendes prononcées par les tribunaux correctionnels ou de simple police, pour une quote-part de 60 %.

Pour la commune seule :

- de la quote-part sur le produit de la taxe sur les véhicules ;
- de la quote-part sur le produit de la taxe sur les plus-values immobilières.

Paragraphe IV. L'excédent de fonctionnement de l'exercice précédent

110- Cette ressource est expressément mentionnée à l'article 52 de la Directive UEMOA du juin 2011 qui vise également l'excédent de la section d'investissement.

S'agissant de l'excédent de fonctionnement en particulier, il est utilisé comme prélèvement pour la couverture des dépenses de la section d'investissement du budget. Il représente la capacité d'autofinancement des collectivités locales[53]. L'opération s'analyse comme une opération budgétaire d'ordre. D'un point de vue budgétaire, son exécution est subordonnée à l'existence de dotations suffisantes. Comme opération d'ordre, elle est neutre en trésorerie car elle donne lieu qu'à des mouvements internes qui gonflent artificiellement les masses budgétaires. Toutefois, son exécution nécessite l'émission simultanée par l'ordonnateur d'un mandat sur la section de fonctionnement et d'un titre de recette d'égal montant sur la section d'investissement[54].

Paragraphe V. Les revenus du portefeuille

111- Les collectivités locales peuvent, en vertu des dispositions de l'article 219 de la loi portant CGCL du 28 décembre 2013, par délibération de leurs conseils, être propriétaires de rentes sur l'État. Les capitaux disponibles à cet effet sont versés au Trésorier général, comptable supérieur de l'État qui gère le compte unique du Trésor ouvert dans les écritures de la BCEAO, qui procède à l'achat des rentes et remet les inscriptions ou actions au comptable de la collectivité locale, seul habilité pour leur conservation. Elles peuvent également acquérir, par le biais du Trésorier général ou par celui des receveurs locaux, des obligations émises par le Trésorier général ou d'autres collectivités locales.

De même, selon l'article 237 de la loi portant CGCL précitée, les collectivités locales sont habilitées, par délibération de leurs conseils, à acquérir des actions ou obligations de sociétés chargées d'exploiter des services locaux ou recevoir à titre de redevance, des actions d'apports ou parts des fondateurs émises par ces sociétés. Cette forme

---

[53] Voir infra, p 191.
[54] Voir l'Instruction n° 2/TG/ 86 du 28 novembre 1986 sur l' « exécution des mouvements financiers en matière de collectivités locales. »

d'interventionnisme économique est cependant soumise au contrôle de l'État. En effet, les délibérations des assemblées locales sont soumises à l'approbation préalable des représentants de l'État. De même, l'approbation des autorités est nécessaire pour les modifications des statuts de ces sociétés lorsqu'elles intéressent les collectivités locales. Par ailleurs, la loi accorde certains privilèges aux collectivités locales-actionnaires, notamment l'attribution, en dehors de l'assemblée générale, d'un ou de plusieurs représentants au conseil d'administration. Il y a là une certaine volonté d'assurer un contrôle des collectivités locales sur ces sociétés, même si la loi n'impose pas qu'elles doivent y détenir la majorité du capital social, mais 33 %.

CHAPITRE II

LES RESSOURCES EXTERNES

Les ressources externes par lesquelles les collectivités locales peuvent financer leurs budgets peuvent provenir de l'État (Section I), de l'emprunt (Section II), du partenariat public-privé (Section III) ou d'autres sources (Section IV).

Section I. Les financements étatiques

Les financements étatiques au profit des collectivités locales peuvent être des subventions, mais sont essentiellement constitués de transferts et d'avances.

Paragraphe I. Les transferts financiers de l'État

Les transferts financiers de l'État vers les collectivités locales peuvent prendre la forme de dotations (ou concours financiers) ou de transferts de fiscalité, comme la taxe sur la plus-value immobilière ou la taxe annuelle sur les véhicules ou engins à moteurs. De 2015 à 2016, leur montant passe de 42 883 000 000 F CFA à 48 499 000 000 F CFA, soit une hausse de 13,10 %[55]. L'essentiel des transferts financiers de l'État est constitué de dotations que l'État attribue aux collectivités locales par le biais de trois instruments principaux qui sont le Fonds de Dotation de la Décentralisation, le Fonds d'Équipement des Collectivités Locales et le Fonds de Péréquation et d'Appui aux Collectivités Locales.

---

[55] Ministère de l'Économie, des Finances et du Plan, Introduction au débat d'orientation budgétaire 2017, op-cit.

A. Le fonds de Dotation de la Décentralisation

1. L'objet du Fonds de Dotation

112- En plus de leurs compétences générales en vertu desquelles les départements et les communes règlent, par des délibérations de leurs conseils, les affaires qui sont celles des départements et des communes[56], ces collectivités locales exercent des compétences qui leur sont transférées par l'État, à la faveur des lois de décentralisation. Le Fonds de Dotation de la Décentralisation, créé à cet effet depuis la loi n° 96-07 du 22 mars 1996, est le dispositif choisi par le législateur pour compenser le transfert de neuf domaines de compétences aux collectivités locales. Ce dispositif est repris la loi du 28 décembre 2013 dont le Titre II porte sur les domaines qui font l'objet de transfert de compétences.

Ils portent sur :

- la gestion et l'utilisation du domaine de l'État, public et privé, et du domaine national ;
- de l'environnement et de la gestion des ressources naturelles ;
- de la santé, de la population et de l'action sociale ;
- de la jeunesse, des sports et des loisirs ;
- de la culture ;
- éducation, alphabétisation, promotion des langues nationales et formation professionnelle ;
- de la planification ;
- de l'aménagement du territoire ;
- de l'urbanisme et de l'habitat.

[56] Article 27 pour le département et 81 pour la commune.

2. Le montant du Fonds de Dotation

113- Prévu chaque année par la loi de finances, en application des dispositions de l'article 324 de la loi du 28 décembre 2013, le Fonds de dotation est alimenté par un prélèvement sur les recettes du budget général de l'Etat. Le montant est indexé sur le produit de la TVA perçu au profit de l'État. La loi du 22 mars 1996 avait prévu, en son article 58, que ce montant est calculé en appliquant au produit de la TVA un pourcentage fixé, chaque année, par la loi de finances. Le montant est en même temps indexé sur le montant des recettes totales de l'État, hors emprunts et aides extérieures, puisqu'il ne doit pas être inférieur à un pourcentage fixé par la loi de finances. Pour sa part, la loi du 28 décembre 2013 ne prévoit que l'indexation sur le produit de la TVA perçue au profit de l'État, en fixant elle-même, en son article 324, le taux de prélèvement à 3,5 %. Ce taux de prélèvement est revu à la hausse pour tenir compte de l'évolution des compétences des collectivités locales. Cependant, il n'est pas prévu de révision pour tenir compte des modifications législatives affectant, par exemple, les taux de la TVA.

En 1997, première année de fonctionnement du Fonds de dotation, le montant de la dotation est arrêté à 4 889 537 000 F CFA. Il s'élève à 18 410 571 000 F CFA en 2014[57], à 20 410 571 000 F FA en 2015[58] () et à 22 408 000 000 F CFA en 2016[59].

Ces dotations faisant partie des recettes de fonctionnement des collectivités locales, ainsi que le rappelle l'article 193 de la loi du 28 décembre 2013, dans la nomenclature du budget de l'Etat, les dépenses correspondantes sont imputées à la Section 65, qui codifie le ministère en charge des collectivités locales, sur les crédits du Titre 4 « Dépenses de transferts courants ».

---

[57] Arrêté interministériel 10.06.2014-09370.
[58] Arrêté interministériel 27.03.2015-04796.
[59] Ministère de l'Économie, des Finances et du Plan, Introduction au débat d'orientation budgétaire 2017, op-cit.

3. La répartition de la dotation

114- Pour chaque exercice budgétaire, le Fonds de dotation est réparti, d'après l'article 325 de la loi du 28 décembre 2013, selon des critères fixés par décret, chacun étant affecté d'un pourcentage. L'avis du Conseil national de Développement des Collectivités locales, créé par le décret n° 73-724 du 6 août 1973, est requis sur les conditions déterminant le choix des critères retenus par le décret. Cette compétence consultative du Conseil est reprise par l'article 3 du décret n° 96-1118 du 27 décembre 1996. Le Conseil, présidé par le Chef de l'État, regroupe les représentants des ministères, des associations d'élus locaux, des organisations patronales et de la société civile. Une Commission restreinte est instituée par l'arrêté n° 10-443 du 30 septembre 2011 du ministre en charge des collectivités locales, dont il est le président[60].

Trois critères de répartition sont retenus. Le premier est le « critère de compensation » qui répartit une part du Fonds de dotation entre les différentes catégories de collectivités locales pour la prise en charge des coûts résultant des transferts de compétences. La dotation y afférente ne peut être inférieure à 70 % de l'enveloppe globale. Le second est le « critère de fonctionnement » pour la prise en charge de certaines dépenses de fonctionnement. La dotation correspondante ne peut être supérieure à 25 % de l'enveloppe globale. Le troisième est le « critère d'appui aux services de l'État qui appuient les collectivités locales dans l'exercice de leurs missions ». La dotation correspondante ne peut être supérieure à 5 % de l'enveloppe globale.

En application du décret fixant les critères de répartition, un arrêté conjoint du ministre en charge des collectivités locales et du ministre chargé des Finances procède à la répartition effective du Fonds de dotation entre les collectivités locales et les autres bénéficiaires. Pour

[60] L'article 3 du décret du 27 décembre 1996 prévoit également que c'est le Conseil qui propose les critères de répartition en cas de nouvelles compétences transférées aux collectivités locales.

la part revenant aux collectivités locales, la répartition se fait en deux temps. Il y a une première répartition des enveloppes globales destinées aux différentes catégories de collectivités locales, suivie d'une seconde répartition, au sein de chaque catégorie, entre les différentes collectivités locales. Les dotations sont affectées globalement aux collectivités locales qui, par conséquent, en disposent librement. Cette seconde ventilation figure dans une annexe à l'arrêté conjoint de répartition.

La critique faite contre le système de répartition du Fonds de dotation porte sur la multiplicité des bénéficiaires autres que les collectivités locales. Pour l'année 2015, par exemple, ces bénéficiaires sont constitués des :

- des services déconcentrés de l'État, pour leur appui aux collectivités locales ;
- des agences de l'État comme :
    - les Agences régionales de développement, au nombre de 14 ;
    - l'Agence de Développement local ;
    - l'Agence nationale de la Sécurité de Proximité ;
- des associations d'élus comme l'Association des départements, l'Association des Maires du Sénégal et l'Union des Associations d'Élus locaux) ;
- l'Intersyndicales des Travailleurs des Collectivités locales.

Il s'en suit une dispersion des ressources du Fonds de dotation. En 2016, l'enveloppe réservée à ces bénéficiaires s'élève à 2 361 000 000 F CFA, contre 20 047 000 000 F CFA pour les collectivités locales[61]. Il y a lieu de recentrer les fonds car cet éparpillement est au détriment des collectivités locales qui souffrent déjà de l'insuffisance de leurs ressources fiscales.

[61] Ministère de l'Économie des Finances et du Plan, Introduction au débat d'orientation budgétaire - DPEBP- 2018-2020, juin 2017.

Il faut dire, d'ailleurs, que cette répartition ne respecte pas les dispositions de l'article 321 de la loi portant CGCL du 28 décembre 2013 qui ne prévoient, en dehors des collectivités locales, que « les autorités déconcentrées » comme bénéficiaires du Fonds de dotation. L'octroi de ces ressources aux autorités déconcentrées est justifié par les moyens matériels et humains que leurs services mettent à la disposition des collectivités locales. Il y a donc lieu d'entendre les complaintes des autorités locales portant sur la modicité des sommes allouées exprimées chaque année après la publication des arrêtés de répartition.

Le fonds de dotation souffre également de la sortie tardive des arrêts de répartition. À titre d'exemple, pour l'année 2014, l'arrêté est publié au mois de juin.

B. Le Fonds d'Équipement des Collectivités Locales

1. L'historique du Fonds d'équipement

115- Le Fonds d'équipement est conçu pour appuyer les collectivités locales dans la réalisation de leurs programmes d'investissement. Il est créé par l'article 328 de la loi du 28 décembre 2013, modifiée, portant CGCT, mais son origine remonte à la loi n° 77-67 du 4 juin 1977 portant loi de finances pour 1977-1978, dont l'article 5 l'avait prévu sous la forme d'un compte d'affectation spéciale alimenté par le produit des centimes additionnels à la taxe sur le chiffre d'affaires. Sa mission originelle consistait, notamment, à accorder des prêts sans intérêt aux collectivités locales. C'est par la suite que le Fonds d'équipement est pris en charge par le budget général, plus précisément par le Budget Consolidé d'Investissement (BCI) qui constitue la première tranche annuelle de la loi portant Programme Triennal d'Investissements Publics (PTIP) de L'État[62].

[62] Il y a une expérience dite « Budget consolidé d'investissement décentralisé qui permet aux collectivités locales de participer à l'exécution financière et technique des dépenses en capital inscrites de l'Etat. Ce sont les ministères de l'Éducation

2. L'organisation du Fonds d'équipement

Dans la première loi de décentralisation du 22 mars 1996 comme dans celle du 28 décembre 2013, le Fonds d'équipement ne fait pas l'objet de dispositions spécifiques. Il figure dans le Titre III consacré au Fonds de Dotation de la Décentralisation.

Contrairement aux dotations de fonctionnement, celles du Fonds d'équipement ne sont pas attribuées globalement. Elles ont donc le caractère de fonds de concours avec, par conséquent, une affectation précise. Les dépenses sont imputées à la Section 65 qui codifie le ministère chargé des collectivités locales, sur les crédits du Titre VI « Transfert en capital ». Le Fonds d'équipement est alimenté par un prélèvement sur les recettes. Selon l'article 328 de la loi du 28 décembre 20123, la dotation est indexée, comme pour le Fonds de Dotation de la Décentralisation, sur le produit de la TVA perçue au profit du budget de l'État. Elle est équivalente à 2 % de ce produit, tel qu'il est arrêté pour la dernière gestion connue.

La répartition des dotations allouées aux collectivités locales obéit à la même procédure que celle applicable au Fonds de Dotation de la Décentralisation. Un arrêté conjoint du ministre chargé des collectivités locales et du ministre chargé des Finances procède à une première répartition de l'enveloppe entre les différentes catégories de collectivités locales et à une seconde répartition, au sein de chaque catégorie, entre les différentes collectivités locales.

3. Les limites dans l'organisation du Fonds d'équipement

116- Le Fonds d'équipement, tel qu'il est organisé, connaît trois limites essentielles.

---

nationale et de la Santé qui ont été les premiers ministères sectoriels choisis pour cette expérimentation. Le but visé est l'amélioration du taux d'absorption des crédits.

La première limite tient à l'absence de critères objectifs présidant à la répartition des dotations entre les collectivités locales. Le Fonds devrait comprendre une dotation de péréquation qui serait répartie en fonction des inégalités économiques qui existent entre les collectivités locales. C'est la « péréquation verticale » qui peut être mise en œuvre sur le fondement des dispositions de l'article 18 de la loi du 28 décembre 2013 qui dispose que l'État garantit le principe de solidarité entre les collectivités locales. C'est en ce sens que l'article 328, dans sa nouvelle rédaction issue de la loi du 30 mai 2018, prévoit l'intervention d'un décret pour fixer les modalités et les critères objectifs et équitables servant de base à la répartition du Fonds d'équipement.

La deuxième limite du Fonds d'équipement tient à la faiblesse des dotations versées aux collectivités locales. On note, par exemple, que leur volume est régulièrement en deçà de celui des dotations de fonctionnement alors que ce sont les dépenses d'investissement qui doivent avoir la priorité. Les montants totaux respectifs sont :

- en 2014 : 12 550 000 000 FCFA pour le FECL et 19 957 571 000 FCFA pour le FDD ;
- en 2015 : 15 000 000 000 FCFA pour le FECL et 20 410 000 000 FCFA pour le DDD ;
- en 2016 : 20 000 000 000 FCFA pour le FECL et 22 408 000 000 FCFA pour le FDD.

Si l'on considère la part qui revient aux collectivités locales dans les ressources du Fonds, le montant, en 2016, est à peine comparable à celui de leur autofinancement, à savoir 10,5 milliards de francs CFA.

La faiblesse des dotations d'équipement allouées aux collectivités locales, comme les dotations de fonctionnement, peut s'expliquer par la dispersion du Fonds car, outre les collectivités locales, d'autres structures intervenant dans le développement local en bénéficient.

Pour ces dernières, les ressources allouées servent, par exemple, de contrepartie à des financements extérieurs. C'est le cas du Programme de Renforcement et d'Équipement des Collectivités Locales (PRECOL) créé entre l'État, d'une part, la Banque mondiale et l'Agence Française de Développement, d'autre part. Ce programme reçoit, par exemple pour l'année 2011, une dotation de 3 400 000 000 F CFA. C'est également le cas pour le Programme national de Développement local (PNDL). Les fonds vont aussi à des projets d'investissement initiés par l'État, à travers des structures comme l'Agence de Développement Local qui reçoit, par exemple au titre de l'année 2015, une dotation de 200 millions de F CFA, l'Agence de Développement Municipal (ADM) qui reçoit, par exemple pour 2012, une enveloppe de 3,5 milliards de F CFA.

Les parts respectives des collectivités locales et des autres structures bénéficiaires du Fonds d'équipement sont :

- en 2014 : 7 820 000 000 FCFA et 4 730 000 000 FCFA ;
- en 2015 : 8 200 000 000 FCFA et 6 800 000 000 FCFA ;
- en 2016 : 10 550 000 000 FCFA et 9 450 000 000 FCFA[63].

Les autorités locales ne cessent d'insister sur la nécessité pour l'État d'augmenter sensiblement les ressources qui sont allouées aux collectivités locales pour leur permettre d'exercer leurs compétences générales en matière de développement économique et social. Elles sont conscientes, en effet, que c'est sur le terrain de la réalisation d'infrastructures et d'équipements que sont jugées les politiques publiques locales. Une rationalisation des interventions économiques pourrait générer des gains financiers qui pourraient servir à accroître les dotations de l'État dans ce domaine. Le Gouvernement s'y attèle par le truchement du Programme National de Développement Local (PNDL), qui est le principal instrument qu'il a mis en place pour la

[63] Ministère de l'Économie, des Finances et du Plan, Introduction au débat d'orientation budgétaire, op-cit.

mise en œuvre de sa stratégie de réduction de la pauvreté au niveau local et qui s'appuie sur les Agences Régionales de Développement[64].

La troisième limite du Fonds d'équipement tient à l'absence de suivi de l'utilisation des montants déjà alloués aux différents bénéficiaires. En effet, chaque année, la répartition des dotations se fait en l'absence de tout état d'exécution des montants du Fonds, qu'il s'agisse des collectivités locales ou des structures bénéficiaires.

C. Le Fonds de Péréquation et d'Appui aux Collectivités Locales

117- Le Fonds de Péréquation et d'Appui aux collectivités locales est créé par la loi n° 2003-36 du 24 novembre 2003 portant Code minier, en son article 55 qui dispose que : « Une partie des ressources fiscales provenant des opérations minières est versée dans un Fonds de péréquation destiné aux collectivités locales ». L'article 55 prévoit l'intervention d'un décret pour fixer les conditions et les modalités de ce reversement. C'est l'objet du décret n° 2009-1334 du 30 novembre 2009, modifié par le décret n° 2015-1879 du 16 décembre 2015, pour tenir compte de la modification de la cartographie des collectivités locales opérée par la loi portant CGCL du 28 décembre 2013.

Le Fonds de péréquation et d'appui, exclusivement dédié à l'équipement des collectivités locales, est alimenté par un prélèvement à hauteur de 20 % des redevances minières. Il comprend deux composantes : une dotation de péréquation et une dotation d'appui aux collectivités locales des régions circonscriptions administratives abritant les opérations minières.

La dotation d'appui à l'équipement des collectivités locales, fixée à 60 % des recettes du Fonds, est répartie selon un système déterminé

[64] République du Sénégal, Secrétariat général de la Présidence de la République, Délégation à la Réforme de l'Etat et à l'Assistance Technique, Programme national de bonne gouvernance, Rapport national sur la gouvernance au Sénégal, 2011.

par l'article 4 du décret du 30 novembre 2009, dans sa rédaction issue de sa modification par le décret du 16 décembre 2015. Il consiste, pour chaque région, à attribuer 20 % de la dotation aux collectivités locales abritant le(s) site(s) des opérations minières, proportionnellement à leur contribution et au prorata de leur population, et 80 % aux autres collectivités locales de la région. La dotation de péréquation est constituée de 40 % des recettes du Fonds. Selon l'article 3 du décret précité, cette dotation est versée au Fonds d'Équipement des Collectivités Locales.

Paragraphe II. Les avances aux collectivités locales

118- Les avances que l'État peut consentir aux collectivités locales sont de deux catégories.

Le premier type d'avances est celui prévu à l'article 199 de la loi du 28 décembre 2013 portant CGCL. Il s'agit des avances qui peuvent être consenties aux collectivités locales qui justifient que :

- « que leur situation de caisse compromet le règlement des dépenses indispensables et urgentes,
- que cette situation n'est pas due à une insuffisance des ressources ou à un déséquilibre budgétaire ».

Ces avances s'analysent ainsi comme des ressources de trésorerie en tant qu'elles sont destinées à couvrir un déséquilibre momentané de caisse. Pour l'État, ces avances qui sont des dépenses, sont imputées au compte d'affectation spéciale « Avances à un an aux collectivités locales » ou, en cas de renouvellement, « Avances à deux ans ». Ces avances sont productrices d'intérêts à un taux qui ne peut être inférieur au taux moyen des bons du Trésor[65].

Le second type d'avances est constitué par les avances sur le produit des impôts directs votés par les collectivités locales. Prévues

[65] Voir Instruction n° 02-MEF/DGCPT/DCP/DCL relative à l'exécution financière et comptable des avances consenties aux collectivités locales du 16 avril 2013.

aux articles 185 et 195 de la loi portant CGCL du 28 décembre 2013, on les considère comme la contrepartie de l'obligation qu'ont les collectivités locales de déposer leurs fonds libres au Trésor. Étant des avances sur le produit des impôts votés, les recettes fiscales non recouvrées doivent être à la charge de l'État.

Ces avances sont effectuées à partir d'un compte spécial du Trésor et leurs règles de comptabilisation font l'objet de l'Instruction n° 004 du 2 août 2006 du ministre du Budget. Elles sont destinées à assurer la trésorerie des collectivités locales et sont versées au début de chacun des deux premiers trimestres de l'année, pour un montant égal à 25 % du montant total des recouvrements effectués au titre de la dernière gestion connue. Il devrait y avoir des versements par anticipation pour permettre aux collectivités locales de faire face à des dépenses obligatoires quand elles manquent de disponibilités.

Section II. L'emprunt

Si les collectivités locales peuvent recourir à l'emprunt pour financer leurs budgets, ce pouvoir est soumis à certaines conditions. Cela dit, on note une diversification progressive des organismes prêteurs.

Paragraphe I. Les conditions du recours à l'emprunt par les collectivités locales

Les conditions auxquelles les collectivités locales peuvent emprunter sont, d'une part, d'ordre juridique, d'autre part, d'ordre financier.

A. Les conditions d'ordre juridique

119- Du point de vue de la compétence, la décision de recourir à l'emprunt appartient au conseil de la collectivité locale. C'est le conseil lui-même qui définit les différents éléments de l'opération, comme le montant, la durée ou le taux d'intérêt, et à l'ordonnateur de la réaliser. Toutefois, cette décision n'est pas exécutoire de plein droit. En effet, la délibération du conseil de la collectivité locale se rapportant à la décision de recourir à l'emprunt est soumise, par l'article 245 de la loi portant CGCL du 28 décembre à l'approbation préalable du représentant de l'État pour un contrôle de légalité. L'approbation préalable du ministre en charge des collectivités locales et celle du ministre chargé des Finances est également nécessaire lorsqu'il s'agit d'un emprunt émis sur le marché financier de l'UEMOA[66].

Du point de vue de l'affectation, d'après l'article 196 de la loi portant CGCL du 28 décembre 2013, l'emprunt est une opération temporaire dont le produit doit obligatoirement être affecté en recette de la section d'investissement du budget. Il en résulte que l'emprunt ne peut servir qu'au financement des dépenses d'investissement, à l'exclusion, selon l'article 59 de la Directive UEMOA portant régime financier des collectivités territoriales précitée, des dépenses imprévues pouvant figurer dans la section d'investissement et des dépenses de fonctionnement. Autant dire aussi que les emprunts de trésorerie sont exclus.

Du point de vue des prêteurs, le pouvoir d'emprunter des collectivités locales est limité par le principe de l'unité de trésorerie. Ce principe leur impose déposer leurs fonds libres au Trésor. En conséquence, les collectivités locales ne peuvent pas emprunter auprès d'autres collectivités locales.

B. Les conditions d'ordre financier

Du point de vue financier, le recours à l'emprunt par une collectivité locale est conditionné par sa solvabilité. L'analyse menée

[66] Voir décision n° 05/09/2005 portant modification de l'article 136 du règlement général relatif à l'organisation, au fonctionnement et au contrôle du marché financier de l'UEMOA.

pour apprécier sa situation financière porte sur sa capacité d'autofinancement qui s'obtient en déduisant de l'excédent de fonctionnement le montant des annuités de la dette, à savoir le remboursement du capital et des charges de la dette. C'est le ratio dette/capacité d'autofinancement et l'analyse de son évolution qui permet d'apprécier la solvabilité d'une collectivité locale.

Ce problème s'est posé dans l'affaire de l'emprunt obligataire de la Ville de Dakar, dénommé « Ville de Dakar 6,60 % 2015-2022 ». Émis sur le marché régional de l'UEMOA, cet emprunt d'un montant de vingt milliards de francs CFA était destiné au financement de parkings sous terrains à la Place de l'Indépendance et d'équipements marchands au centre-ville. Le litige a opposé la Ville de Dakar et l'État du Sénégal et portait sur la décision du ministre chargé des Finances d'interrompre l'opération lancée par la Ville au motif, entres autres, que la Ville de Dakar n'a pas tenu compte, en lançant l'opération, de ce qu'elle ne dispose pas d'une capacité financière suffisante pour faire face au remboursement de l'emprunt.

Saisie de l'affaire, la Cour suprême déclare que si le représentant de l'État auprès de la collectivité locale est chargé du contrôle préalable de la légalité de la décision de recourir à l'emprunt, le ministre chargé des Finances doit en apprécier, notamment, les conséquences financières et budgétaires[67]. Il faut dire que cette appréciation doit se faire dans le cadre d'une réglementation puisque la Directive UEMOA relative aux lois de finances du 26 juin 2009, en son article 55, prescrit aux États membres d'édicter des règles pour encadrer et plafonner les possibilités d'emprunt des collectivités locales et autres organismes publics. Un tel encadrement est nécessaire pour éviter que l'exercice du pouvoir du ministre chargé des Finances en la matière ne porte atteinte, de façon substantielle, au principe de la libre administration des collectivités locales.

[67] Arrêt n°36 du 26 mai 2016, 9ème et dernier considérant.

Paragraphe II. La diversification progressive des prêteurs

120- Au fil du temps, les institutions auprès desquelles les collectivités locales peuvent emprunter pour le financement de leurs budgets se sont diversifiées. Elles se sont d'abord adressées au crédit communal, une institution financière créée en 1989 spécialement pour le financement des investissements des communes. Doté de 52,2 milliards de francs CFA de financement de la Banque mondiale, avec un apport annuel estimé à 600 millions de francs CFA sur cinq ans de l'État du Sénégal, il est logé à la Banque de l'Habitat du Sénégal. Des prêts au taux de 11 %, avec une durée pouvant atteindre douze ans, sont accordés aux communes ayant fait preuve d'une saine gestion financière.

Cette première expérience est un échec dû essentiellement à la faible capacité financière des collectivités locales et au taux d'intérêt jugé élevé. La fin du crédit municipal intervient en 1997 et ses avoirs sont rétrocédés à l'Agence de Développement Municipal (ADM) qui venait d'être créée. L'ADM devient l'organe d'exécution du Programme d'Appui aux Communes (PAC), financé à hauteur de 42 milliards par deux bailleurs de fonds, l'IDA et l'Agence Française de Développement (AFD), et par l'État par le biais du Fonds d'Équipement des Collectivités Locales. Avec un taux de remboursement des prêts de 96 %, cette seconde expérience de financement du développement local par l'emprunt est considérée comme un succès.

Aujourd'hui, les collectivités locales peuvent solliciter des prêts auprès d'institutions bancaires ou d'institutions publiques nationales, comme la Caisse de Dépôts et Consignations, ou internationales. C'est ainsi, par exemple, que la Ville de Dakar a bénéficié de prêts à des taux concessionnels auprès de l'Agence Française de Développement (AFD) et de la BOAD, et d'un prêt au taux du marché auprès de la Société Générale de Banque au Sénégal (SGBS). Ces financements lui ont permis de réaliser des travaux d'éclairage et de pavage de la ville, ainsi que la construction d'équipements marchands, notamment au marché Kermel. Pour l'exercice 2016, les emprunts contractés par la Ville de Dakar représentent 63, 74 % des recettes d'investissement[68]. Les collectivités locales peuvent aussi, comme a tenté de le faire la Ville de Dakar comme cela a été rappelé ci-dessus, se financer auprès du marché financier régional, regroupant les huit États membres de l'UEMOA et dont la création remonte au 03 juillet 1997. Elles peuvent y lever des fonds en émettant des obligations sur le marché de la dette. La condition pour l'emprunt obligataire par appel public à l'épargne est que la valeur nominale minimale à l'émission doit être égale à 500 millions de F CFA.

Il reste que l'accès au crédit reste difficile pour les collectivités locales. Dans l'ensemble, seule la Ville de Dakar a la capacité financière suffisante pour aller lever des fonds auprès des institutions financières. Même l'accès au crédit bancaire pose problème pour la quasi-totalité des collectivités locales car leur capacité financière ne leur permet pas de satisfaire aux garanties exigées. Au total, l'absence d'expertise et de puissance économique fait qu'elles ne maîtrisent pas les mécanismes fort complexes des marchés financiers et ne peuvent discuter, de façon équilibrée, avec les organismes prêteurs.

Face à ces difficultés, il appartient à l'État de mettre en place des institutions publiques ou semi-publiques qui prêtent aux collectivités locales à des taux préférentiels ou qui sont en mesure d'emprunter sur le marché financier pour prêter aux collectivités locales. C'est en ce sens que dans les statuts de l'Agence de Développement Municipal (ADM), il est prévu qu'elle joue le rôle d'intermédiation financière au profit des collectivités locales[69].

---

[68] Voir compte administratif 2016.

[69] Voir Cour des comptes, « Journées d'étude sur la problématique de la reddition des comptes des collectivités locales », Saly Portudal, 24-26 juillet 2007, p 76.

Section III. Le partenariat public-privé

121- Il importe de préciser d'abord l'objet du partenariat public-privé avant d'analyser les conditions qui sont posées pour que les collectivités locales puissent y recourir et les modalités de rémunérations du partenaire.

A. L'objet du contrat de partenariat public-privé

Le partenariat public- privé est un mode de financement des équipements publics par une entreprise privée sur la base d'un contrat conclu avec une personne publique. C'est un mécanisme innovant dans la mesure où ce n'est pas la collectivité publique, maître d'ouvrage, qui réalise l'équipement et assure son financement, mais l'entreprise co-contractante. Ainsi, l'entreprise privée exécute les travaux sous sa propre responsabilité économique et financière[70].

Au Sénégal, ce type de partenariat public-privé est créé par la loi n° 2004-13 du 1er mars 2004 relative aux contrats de construction, exploitation et transferts d'infrastructures, modifiée. L'objet de ces contrats, d'après l'article 1er, est de confier à l'entreprise tout ou partie du financement de l'infrastructure, sa conception, sa construction, son exploitation et son entretien. Ils peuvent aussi stipuler le transfert de l'infrastructure réalisée, soit au cours du contrat, soit à son expiration. L'État a eu recours à ce mode de financement pour la construction de l'autoroute à péage Dakar-Diamniadio à propos de laquelle l'opérateur privé n'a assuré que partiellement le coût de l'opération. Les collectivités locales, qui entrent dans le champ d'application de cette loi en vertu des dispositions de l'article 1er de cette loi, ont tout intérêt à explorer ce mode de financement en raison des contraintes budgétaires auxquelles elles font toujours face et de l'inefficacité des financements externes jusqu'ici utilisés.

---

[70] Voir, par ex. : A. Laguerre, « Le financement privé des équipements publics » in RFFP, n° 120-Novembre 2012, p 63.

B. Les conditions du recours aux contrats de partenariat public-privé par les collectivités locales

C'est une délibération du conseil de la collectivité locale qui, selon l'article 14 alinéa 2 de la loi portant CGCL du 28 décembre 2013, autorise l'exécutif local à conclure un contrat de partenariat public-privé. Une fois l'autorisation accordée, la procédure de passation du contrat ne peut être engagée, d'une part, qu'après avis du Conseil des Infrastructures et celui du ministre chargé des Finances, d'autre part, après autorisation par décret, conformément à l'article 1er de la loi du 1er mars 2004 précitée.

Le Conseil des Infrastructures se prononce sur la conformité du projet aux politiques de l'État en matière de développement d'infrastructures, d'environnement et d'aménagement du territoire. Pour sa part, le ministre chargé des Finances examine l'opportunité du projet au regard de la stratégie globale que l'État a arrêtée en matière d'investissements publics, ainsi que de ses implications budgétaires par rapport, notamment, aux objectifs de la politique budgétaire globale de l'État.

C. Les modalités de rémunération du partenaire privé

En acceptant de préfinancer une infrastructure publique, l'entreprise privée prend des risques financiers qu'elle a identifiés et évalués à partir de prévisions qu'elle a effectuées. Il est rare que l'infrastructure soit gérée aux risques et périls du seul opérateur privé. En général, dans les contrats de partenariat public-privé, les risques sont partagés entre l'autorité publique contractante et l'opérateur privé. Ce partage des risques peut prendre la forme de subvention ou de garantie. Ainsi, dans le cas, par exemple, où c'est l'État qui est l'autorité contractante, il doit accorder des garanties en provisionnant un compte spécial du Trésor ouvert à cet effet. À cet effet, l'article 42 de la loi organique relative aux lois de finances du 8 juillet 2011 cite comme exemple d'opérations devant faire l'objet d'un compte de garanties et avals, les garanties financières accordées par l'État dans le cadre d'un contrat de partenariat public-privé. La loi du 1er mars 2004 et la loi portant CGCL du 28 décembre 2013 ne contiennent pas de dispositions sur les risques liés au financement des opérations de partenariat public-privé.

En revanche, en France, par exemple, l'article L.1414-10 du Code général des collectivités locales dispose que la délibération du conseil de la collectivité locale autorisation la signature de tels contrats doit être accompagnée de précisions destinées à rassurer la banque du partenaire privé quant à la solvabilité de la collectivité locale. La question des risques est importante dans la mesure où plus ils sont importants pour l'opérateur privé, plus le coût du projet peut être élevé, ce qui peut jouer sur la rémunération de l'opérateur privé[71].

Dans le cas des contrats de constructions, exploitation et transfert, l'article 2 de la du 1er mars 2044 prévoit que la rémunération peut résulter des redevances perçues sur les usagers ou les bénéficiaires de l'ouvrage public et de versements effectués par la collectivité publique contractante ou une autre autorité publique. Toutefois, les redevances doivent représenter la part déterminante de la rémunération. Il est également prévu que le partenaire privé peut être conduit à reverser à l'autorité publique contractante une part de sa rémunération.

Section IV. Les autres ressources externes

Il s'agit de ressources qui ont une importance moindre dans les budgets des collectivités locales. Elles comprennent essentiellement, les ressources tirées de la coopération internationale et des dons et legs.

---

[71] Sur cette question, voir par ex. ; G. Marcou « Le partenariat public-privé : retrait ou renouveau de l'intervention publique » in Partenariat public-privé et collectivités territoriales. La Documentation française Paris, 2002, p 13.

A. Les ressources tirées de la coopération décentralisée

122- Les collectivités locales peuvent, conformément aux dispositions de l'article 19 de la loi du 28 décembre 2013 portant CGCL, mener des actions de coopération, notamment avec des collectivités locales de pays étrangers. Les pouvant conventions financières qui sont signées dans ce cadre portent souvent sur des sommes importantes. Elles font partie des actes soumis à l'approbation préalable du représentant de l'État, en vertu de l'article 245 de la loi précitée, qui renvoie à un décret pour fixer le montant qui rend obligatoire cette intervention. Sous l'empire de la loi du 22 mars 1996, le décret n° 96/1119 du 27 décembre 1996, pris en application de l'article 336 de cette loi, fixe le montant à 100 millions de francs CFA.

B. Les fonds de concours, dons et legs

123- En droit budgétaire, les fonds de concours sont des fonds versés par des personnes physiques ou morales pour contribuer, à côté de fonds publics, à la couverture de dépenses d'une collectivité publique. C'est une exception au principe de la non-affectation des recettes. La procédure est étendue aux dons et legs qui, théoriquement, sont pourtant des offres désintéressées. La délibération du conseil de la collectivité locale acceptant des dons et legs assortis de charges ou de conditions n'est exécutoire qu'après avis conforme du ministre chargé des Finances et celui en charge des collectivités locales.

Les fonds de concours sont alloués aux collectivités locales pour couvrir leurs investissements. Ils peuvent provenir de l'État ou d'autres personnes morales, publiques ou privées. Pour les fonds provenant de personnes physiques, on peut citer les participations des propriétaires riverains à la construction de trottoirs, exemple donné par l'arrêté interministériel du 1er décembre 1993 sur la nomenclature budgétaire des collectivités locales.

TITRE III

L'ÉLABORATION DES BUDGETS LOCAUX

Comme le budget est d'abord un acte de prévision, il est le fruit d'un travail de préparation par les services de l'organe exécutif local (Chapitre I). À la fin du processus de préparation et après son établissement, le budget est adopté par l'assemblée délibérante (Chapitre II).

CHAPITRE I

LA PRÉPARATION DES BUDGETS LOCAUX

La question de la préparation des budgets des collectivités locales présente deux aspects essentiels relatifs, respectivement, aux acteurs (Section I) et aux étapes de la procédure (Section II).

Section I. Les acteurs

124- Comme pour toute délibération d'une collectivité locale, celle relative à la préparation du budget incombe, selon l'article 191 de la loi du 28 décembre 2013 portant CGCL, à son exécutif qui est l'ordonnateur. Il s'agit du président du conseil départemental, pour le département, et du maire pour la commune. Il faut ajouter, comme le fait l'article 106 à propos du maire, que l'ordonnateur, non seulement prépare le projet de budget, mais en plus le soumet au conseil de la collectivité locale. Dans cette tâche, l'ordonnateur s'appuie, au premier chef, sur ses différents services techniques, en particulier ses services financiers. Pour la Ville de Dakar, par exemple, qui comprend neuf directions techniques réparties entre les neuf domaines de compétence transférée par l'État, c'est la Direction Administrative et Financière qui est l'organe central en matière budgétaire.

L'ordonnateur peut, en outre, disposer des services déconcentrés de l'État, conformément aux dispositions de l'article 35. Sont concernés les services chargés des finances et de l'administration territoriale, comme le précise l'article 48 de la Directive UEMOA du 24 juin 2011 portant régime financier des collectivités locales. Cette mise à disposition se fait, d'après l'article 35 précité, sur la base d'une convention signée avec le représentant de l'État, précisant les conditions de prise en charge des missions par la collectivité locale. L'ordonnateur peut également solliciter les conseils du représentant de l'État ainsi que du comptable de la collectivité locale pour son expertise dans les domaines financier et fiscal.

Il faut souligner que, conformément aux dispositions de l'article 83 de la loi portant CGCL du 28 décembre 2013, les citoyens eux-mêmes ou les représentants d'associations peuvent participer à l'élaboration du budget en faisant des propositions sur des questions intéressant leurs quartiers ou leurs villages. Cette procédure dite du « budget participatif » n'est pour le moment appliquée que par de rares collectivités locales avec, d'ailleurs, des difficultés liées, notamment, à l'utilisation d'une langue étrangère, la méconnaissance des textes relatifs à la décentralisation et l'absence de connaissances en matière budgétaire et financière[72].

Section II. Les différentes étapes de la procédure de préparation

La Directive UEMOA sur le régime financier des collectivités locales du 24 juin 2011 prévoit, à l'instar de ce qui est applicable pour l'État, deux grandes étapes dans la procédure de préparation : le débat sur les orientations budgétaires et le travail de préparation proprement dit.

Paragraphe I. Le débat sur les orientations budgétaires

125- Le débat sur les orientations budgétaires constitue la première étape de la procédure budgétaire. Il s'agit, pour l'exécutif local, de présenter au conseil de la collectivité locale les grandes orientations retenues pour le budget à venir. Il décline ses priorités, ses programmes et ses objectifs. Il doit aussi lui présenter les engagements pluriannuels envisagés, en l'occurrence pour les dépenses d'investissement concernant les collectivités locales qui sont en mode de gestion autorisations de programme/crédits de paiement.

[72] République du Sénégal, Secrétariat général de la Présidence de la République, Délégation à la Réforme de l'Etat et à l'Assistance Technique, Programme national de bonne gouvernance, Rapport national 2011.

Le débat sur ces orientations budgétaires se tient au sein du conseil au moins un mois avant l'examen du budget, d'après l'article 253 de la loi du 28 décembre 2013 portant CGCL. Au cours des débats, les conseillers peuvent, par exemple, discuter sur les priorités retenues par l'exécutif local en matière d'infrastructures. Comme pour le débat d'orientation budgétaire institué dans le cadre de la préparation du budget de l'État, il s'agit simplement d'associer l'assemblée délibérante dans le processus de préparation du budget. Juridiquement, ce débat constitue une formalité substantielle, mais là s'arrête sa portée juridique. En effet, c'est une procédure qui n'est sanctionnée ni d'un vote, ni d'une résolution ou d'une décision sur les grandes orientations budgétaires présentées par l'autorité exécutive.

Paragraphe II. Le travail de préparation proprement dit

126- Sur la base des orientations retenues après le débat sur les orientations budgétaires au sein du conseil, l'autorité exécutive locale élabore la lettre de cadrage qui contient, d'après l'article 49 de la Directive UEMOA du 24 juin 2011, des indications pour une bonne évaluation des recettes et des dépenses de la collectivité locale pour l'année à venir.

Cette évaluation des montants globaux est faite sur la base des différentes informations financières collectées, et dans le respect des principes budgétaires d'équilibre et de sincérité, relatifs à la préparation du budget. À cet égard, l'Instruction n° 00160 du 21 février 1997 du ministre de l'Intérieur indique que les dépenses sont arrêtées en fonction du montant obtenu en recettes. Cela veut dire, implicitement, que les prévisions de recettes prennent comme base le montant des recouvrements du dernier budget exécuté. C'est l'application de la règle de la pénultième année. Pour les dépenses, le texte prescrit l'inscription des dépenses obligatoires avant les autres dépenses de fonctionnement.

Le calendrier budgétaire est fixé par la lettre de cadrage de l'exécutif local. La lettre de cadrage, adressée à l'ensemble des directions et services, fixe les plafonds de crédits prévus pour l'élaboration des budgets sectoriels. Les projets de budgets sectoriels sont déposés à la Direction Administrative et Financière (DAF) où ils sont consolidés par les services financiers. Des réunions d'arbitrage sont ensuite tenues entre, d'une part, le secrétaire général et les services financiers, d'autre part, les responsables des différents directions et services.

Après les arbitrages, si on prend le cas de la Ville de Dakar, le projet de budget élaboré par les services financiers est soumis à une réunion placée sous l'autorité du représentant du maire et à laquelle participe le président de la commission des Finances du conseil de la Ville. À l'issue de cette réunion, celui-ci fait des propositions en vue de l'établissement d'un nouveau projet de budget qui est examiné au cours d'une ultime rencontre, présidée par le maire, avec la participation du président de la commission des Finances, pour l'établissement définitif du projet de budget. Celui-ci, présenté en équilibre et sous la forme déjà indiquée, à savoir en deux sections (fonctionnement et investissement) est soumis par l'exécutif local à l'assemblée délibérante pour son adoption.

CHAPITRE II

L'ADOPTION DES BUDGETS LOCAUX

Dans la mesure où le budget obéit au principe de l'annualité budgétaire, son adoption pose nécessairement un problème de délai (Section I). C'est après que se posent les problèmes relatifs à la procédure par laquelle il est adopté (Section II) et à son approbation par le représentant de l'État Section III).

Section I. Le délai d'adoption

127- Le projet de budget, préparé par l'exécutif local, est présenté au conseil de la collectivité locale. Il est communiqué, avec les rapports correspondants, à tous les conseillers 15 jours au moins avant le début de la première réunion consacrée à l'examen du budget, conformément à l'article 253 de la loi du 28 décembre 2013 portant CGCL. La session budgétaire dure 30 jours au maximum, selon les dispositions de l'article 144. Le conseil doit, en principe, voter le budget avant le 1er janvier de l'année à laquelle il se rapporte. Cependant, il est prévu une date limite fixée au 31 mars pour adopter le budget. C'est ce délai supplémentaire de trois mois qui est également prévu pour les collectivités locales nouvellement créées. Pour ces dernières, il commence à courir à partir de la date de l'installation de leurs organes.

Section II. La procédure d'adoption

La procédure se décompose en deux grandes phases : l'examen du projet de budget par les commissions, d'une part, son examen et son vote en séance plénière, d'autre part.

Paragraphe I. L'examen du projet de budget par les commissions

128- En principe, le nombre de commissions d'un conseil local est fixé par son règlement intérieur. Ainsi, par exemple, le conseil municipal d'une commune rurale comme celle de Médina Gounass compte huit commissions tandis que celui de la Ville de Dakar en compte neuf qui correspondent, ainsi qu'il est déjà rappelé, aux domaines de compétences transférées par l'État. Toutefois, sur ce point, la loi du 28 décembre 2013 précitée, en son article 46, comporte des dispositions spécifiques concernant le conseil départemental. Il est prévu qu'il forme de droit les quatre commissions suivantes :

- commission des affaires administratives, juridiques et du règlement intérieur ;
- commission de l'éducation, de la santé et de la population, des affaires sociales et culturelles, de la jeunesse et des sports ;
- commission des finances, du plan et du développement économique ;
- commission de l'environnement, de l'aménagement du territoire, des domaines, de l'urbanisme et de l'habitat.

Il est précisé que toute autre commission peut être créée ou dissoute par délibération du conseil départemental. L'initiative en revient à son président et au tiers au moins des membres du conseil départemental.

En règle générale, toutes les commissions participent à l'examen du projet de budget. Les commissions autres que celle des Finances examinent la partie du budget qui correspond à leurs domaines de compétences respectifs. Leur rôle consiste, après cet examen, à formuler des avis et faire, éventuellement des propositions. Pour sa part, la Commission des Finances examine l'ensemble du projet de budget et présente un rapport général dans lequel elle fait des observations et formule des avis. L'examen du projet de budget peut également être fait par une inter commissions.

Paragraphe II. L'examen et le vote du budget en séance plénière

Pour que l'audience plénière puisse statuer sur le projet de budget, certaines conditions doivent être satisfaites. Il faut rappeler ces conditions préalables avant d'étudier le déroulement de la procédure et les modalités de vote du budget, ainsi que les règles applicables dans le cas où le budget n'est pas voté dans les délais requis.

A. Les conditions à la tenue de l'audience

129- Les conseils des collectivités locales ne peuvent délibérer sur les projets de budgets que si le quorum prévu est atteint.

Pour le département, il est atteint, d'après l'article 48 de la loi portant CGCL du 28 décembre 2013, lorsque la majorité absolue de ses membres en exercice est présente à l'ouverture de la session. A défaut, dans les huit jours, la réunion est convoquée de plein droit et le conseil peut délibérer si le quart au moins des membres du conseil est présent.

Pour la commune, le quorum est constitué par la majorité des membres en exercice du conseil, selon l'article 147 de la loi précitée. Cependant, le conseil peut valablement délibérer quand un quart au moins du conseil est présent si, après une première convocation restée infructueuse, une seconde est lancée dans un intervalle d'au moins trois jours. Qu'il s'agisse du département ou de la commune, pour s'assurer du respect de cette formalité substantielle, le président de séance procède à l'appel des conseillers. Il faut ajouter que la séance doit se dérouler en présence du représentant de l'État ou de son délégué dûment mandaté, conformément aux dispositions de l'article 150 de la loi précitée.

B. Le déroulement de la procédure et les modalités de vote

130- Le président de séance, en l'occurrence l'exécutif local ou son remplaçant, qui est un de ses adjoints, commence par donner la parole au rapporteur de la Commission des Finances pour la lecture de son rapport. Cette présentation est suivie de débats sur le projet de budget présenté par le président de séance. Le vote qui intervient après les débats porte successivement sur les propositions de modifications, les lignes budgétaires et sur la totalité du budget. S'agissant des modalités de vote du budget, l'article 5 du décret du 4 juillet 1966 portant régime financier des collectivités locales dispose qu'il est voté par chapitres et articles.

La Directive UEMOA du 24 juin 2011 portant régime financier des collectivités territoriales prévoit, en son article 72, des modalités de vote différentes selon qu'il s'agit de la section de fonctionnement ou de la section d'investissement.

Pour la section de fonctionnement, les crédits sont votés par chapitre. Cependant, pour certains chapitres, le conseil peut spécialiser des articles. Concernant la section d'investissement, les crédits sont votés par article. Toutefois, le conseil a la faculté de les voter par chapitre s'il estime qu'un chapitre donné constitue une « opération », définie par l'article 72 comme « un ensemble d'acquisitions d'immobilisations, de travaux sur immobilisations et de frais d'études y afférents aboutissant à la réalisation d'un ouvrage ou de plusieurs ouvrages de même nature ».

Le budget est adopté à la majorité simple et en cas d'égalité des voix, celle du président de séance est prépondérante. Le vote est sanctionné par un procès-verbal de délibération, signé par tous les conseillers présents. Après quoi, les services financiers, en rapport avec le secrétariat général de l'autorité exécutive locale, procèdent à la mise en forme juridique du budget. Celui est ensuite transmis, dans les

15 jours suivant la date limite de son adoption, au représentant de l'État pour approbation.

C. Le régime juridique applicable en l'absence de vote du budget dans les délais requis

131- Il convient de rappeler que le budget doit être voté avant le 1er janvier, à défaut avant le 31 mars de l'année à laquelle il s'applique. Dans la même logique que le régime juridique applicable quand le budget de l'État n'est pas voté en temps utile, les règles applicables, s'il s'agit du budget d'une collectivité locale, diffèrent, d'après l'article 254 de la loi du 28 décembre 2013 portant CGCL, selon que l'assemblée délibérante dispose ou non des informations nécessaires à l'établissement du budget avant le 15 mars.

Si le conseil ne dispose pas des informations nécessaires à l'établissement du budget avant le 15 mars, certains pouvoirs sont reconnus à l'exécutif local jusqu'à l'adoption du budget. Il est habilité à mettre en recouvrement les recettes et, concernant les dépenses, une distinction est faite selon les deux sections qui constituent le budget.

Pour les dépenses de la section de fonctionnement, l'autorité exécutive locale exerce, de plein droit, les compétences qui lui sont reconnues durant cette période. Elle peut engager, liquider et mandater les dépenses dans la limite des crédits ouverts au budget de l'année précédente. Elle peut mandater les dépenses en remboursement du capital des annuités de la dette arrivées à échéance avant le vote du budget. Pour les dépenses de la section d'investissement, les compétences de l'autorité exécutive locale s'exercent dans des conditions plus strictes. En effet, elle ne peut engager, liquider et mandater les dépenses que sur autorisation du conseil, dans la limite du quart des crédits ouverts au budget de l'année précédente, à l'exception des dépenses relatives au remboursement de la dette. Il s'y ajoute que dans l'autorisation accordée par le conseil, le montant et l'affectation des crédits doivent être mentionnés.

Dans le cas où le budget n'est pas voté au 31 mars, deux mesures sont prévues. La première consiste pour le représentant de l'État à régler et à rendre le budget exécutoire dans les 15 jours suivant la date du 31 mars. La seconde est que, à partir du 31 mars jusqu'au règlement du budget par le représentant de l'État, le conseil perd tout pouvoir de délibération sur le budget de l'année en cours.

Si le conseil dispose des informations nécessaires à l'établissement du budget avant le 15 mars, il doit arrêter celui-ci dans le délai de 15 jours à compter de cette communication. C'est un arrêté conjoint du ministre chargé des Finances et du ministre en charge des collectivités locales qui fixe la liste de ces informations.

Section III. L'approbation du budget par le représentant de l'État

Il faut analyser les formalités attachées à l'approbation du budget, l'objet assigné à cette approbation et les pouvoirs du représentant de l'État dans ce cadre.

Paragraphe I. Les formalités liées à l'approbation

132- Lorsque le budget primitif d'une collectivité locale est voté, l'article 191 de la loi portant CGCL du 28 décembre dispose qu'il doit être approuvé par le représentant de l'État. Cette disposition est reprise par l'article 243 qui précise que la preuve de la réception de l'acte par le représentant de l'État peut être administrée par tous les moyens. On peut estimer qu'il est fait ici application de la théorie de la connaissance acquise. Le délai d'approbation, selon l'article 245, est d'un mois à compter de la date l'accusé de réception et l'approbation est réputée tacite si elle n'est pas donnée dans ce délai. Celui-ci peut, d'ailleurs, être réduit par le représentant de l'État à la demande du président du conseil de la collectivité locale. Cette procédure de contrôle du budget voté s'étend aux autres délibérations budgétaires, à savoir les décisions modificatives et le budget supplémentaire.

Paragraphe II. L'objet de l'approbation du budget

133- Le contrôle exercé par le représentant de l'État pour l'approbation du budget est un contrôle de légalité. Il consiste à s'assurer, selon l'article 256 de la loi du 28 décembre 2013 précitée, que le budget voté est en équilibre réel. L'appréciation de cet équilibre n'est pas seulement arithmétique, c'est-à-dire résultant d'une confrontation des montants globaux, mais elle consiste également à vérifier la sincérité des prévisions budgétaires. Le contrôle de la sincérité du budget porte sur différents éléments.

Il peut s'exercer sur les lignes budgétaires pour vérifier la vraisemblance des inscriptions. Il peut s'agir aussi de s'assurer de la reprise et de l'enchaînement des résultats car l'équilibre d'un budget primitif ne serait qu'apparent s'il ne reprend pas les déficits dégagés par l'exercice précédent[73]. Le contrôle de l'inscription des dépenses obligatoires est un autre élément du contrôle de la sincérité du budget voté. Le problème se pose dans une affaire où le conseil municipal, après avoir affecté l'excédent de fonctionnement à l'autofinancement des investissements, ne peut plus équilibrer le budget sans une augmentation considérable des impôts locaux. Pour éviter cette solution, le maire propose un budget insincère dans la mesure où il ne comporte pas certaines dépenses obligatoires. Le préfet, représentant de l'État, considère un tel budget comme insincère[74].

Le contrôle de l'équilibre du budget, en particulier sous l'angle de la sincérité, est un exercice difficile. C'est la raison pour laquelle, en France, par exemple, les Chambres régionales des comptes, chargées de contrôler les comptes et la gestion des collectivités locales, y interviennent selon la procédure dite de « contrôle budgétaire ». Les avis qu'elles formulent dans ce cadre constituent de la valeur ajoutée

---

[73] Voir, par exemple, CRC de Bourgogne, avis n ° 01.CB.05 du 23 mai 2001, Commune de Val-de-Mercy.

[74] CRC de Boulogne, avis n°01.CB.11 du 6 juillet 2001, Commune de Beire-le-Fort.

pour les services préfectoraux dans leur mission de contrôle du budget, et une garantie fondamentale pour les collectivités locales.

Paragraphe III. Les pouvoirs du représentant de l'État

134- Le représentant de l'État constate l'absence de vote en équilibre réel du budget dans les quinze jours à compter de la date de sa transmission. Mais contrairement aux autres actes budgétaires qui sont exécutoires de plein droit, il ne peut déférer directement le budget voté en déséquilibre devant la Cour suprême, seul juge compétent pour son annulation selon la procédure du recours pour excès de pouvoir. La procédure qui est aménagée tient compte de la nature particulière des délibérations budgétaires. Elle permet leur réformation rapide qui vaut mieux que leur annulation selon une procédure contentieuse qui, à elle seule, ne permettrait pas de les modifier.

Dans la procédure d'approbation, si le représentant de l'État constate l'absence de vote en équilibre réel du budget, quinze jours après sa transmission, il dispose d'un autre délai de quinze jours pour proposer à la collectivité locale, en seconde lecture, les mesures nécessaires au rétablissement de l'équilibre budgétaire et invite son conseil à adopter une nouvelle délibération. Ces mesures peuvent consister, par exemple, en une création de ressources ou une diminution de dépenses facultatives pour couvrir des dépenses obligatoires. Le conseil doit adopter une nouvelle délibération dans le délai d'un mois à compter de la communication des propositions du représentant de l'État. Dans ce délai, le conseil peut ne pas parvenir à adopter une nouvelle délibération. Elle peut aussi y parvenir et la nouvelle délibération est alors transmise au représentant de l'État. Celui-ci doit juger, dans un délai de quinze jours après sa transmission, si les mesures de redressement contenues dans la nouvelle délibération sont satisfaisantes. Dans le cas contraire, le représentant de l'État règle et rend exécutoire le budget.

Il y a lieu de préciser qu'il existe une autre procédure de contrôle de l'équilibre du budget. Il s'agit de la procédure spécifique du contrôle de l'inscription des dépenses obligatoires. Selon l'article 264 de la loi portant CGCL du 28 décembre 2013, le constat de la non-inscription au budget d'une dépense obligatoire peut être fait par le représentant de l'État sur saisine du comptable public ou de toute personne, physique ou morale, y ayant intérêt dès lors qu'elle établit qu'elle est lésée par l'acte adopté. La saisine du représentant de l'État doit intervenir, selon les dispositions combinées des articles 250 alinéa 4 et 245, au cours du délai d'approbation par le représentant de l'État du budget voté par le conseil de la collectivité locale. La demande est alors traitée selon la procédure du recours gracieux. Une fois l'acte devenu exécutoire, seul le recours pour excès de pouvoir devant la Cour suprême est possible.

Si le représentant de l'État est saisi d'une demande d'inscription d'une dépense obligatoire, il doit constater la réalité et l'exigibilité de la dette de la collectivité locale. Si c'est le cas, l'article 264 de la loi portant CGCL du 28 décembre 2013 dispose que le représentant de l'État adresse une mise en demeure à la collectivité locale. Si celle-ci reste sans effet dans un délai d'un mois, le représentant de l'État inscrit d'office la dépense au budget de la collectivité locale en proposant, au besoin, les mesures appropriées pour sa couverture. Il règle et rend exécutoire le budget ainsi rectifié.

TITRE IV

L'EXÉCUTION DES BUDGETS LOCAUX

135- Le budget voté par le conseil de la collectivité locale constitue des autorisations, en recettes et en dépenses, qui doivent être exécutées. Si pour les recettes les autorisations doivent l'être impérativement, tel n'est pas le cas pour les dépenses puisque les crédits n'ouvrent à l'autorité exécutive qu'une faculté et non une obligation de dépenser. Mais pour les recettes comme pour les dépenses, à côté des procédures de droit commun (Chapitre I), sont aménagées des procédures dérogatoires d'exécution des budgets locaux (Chapitre II).

CHAPITRE I

LES PROCÉDURES DE DROIT COMMUN D'EXÉCUTION DES BUDGETS LOCAUX

L'exécution des budgets des collectivités locales repose sur le principe de la séparation des fonctions d'ordonnateur et de comptable, tant pour l'exécution des recettes (Section I) que pour celle des dépenses (Section II).

Section I. L'exécution des recettes

Il résulte des dispositions des articles 31 et 39 de la loi du 28 décembre 2013 précitée, relatifs respectivement aux ordonnateurs et aux comptables, que les recettes sont constatées, liquidées et ordonnancées avant d'être prises en charge et recouvrées. Il y a ainsi deux grandes phases dans la procédure d'exécution des recettes des collectivités locales : une phase administrative et une phase comptable.

Paragraphe I. La phase administrative de l'exécution des recettes

La phase administrative de l'exécution des recettes comprend, respectivement, la constatation, la liquidation et l'ordonnancement.

A. La constatation

136- Les créances des collectivités locales, à l'instar de celles de l'État et des autres collectivités publiques, reposent sur des faits générateurs. Ainsi, par exemple, l'édification d'un immeuble est le fait qui ouvre le droit à la collectivité locale sur le territoire de laquelle elle est réalisée, de réclamer le versement de la contribution foncière sur les propriétés bâties. C'est à l'ordonnateur de constater ce droit de créance de la collectivité locale. Il s'agit d'identifier et d'évaluer la matière imposable.

B. La liquidation

137- Le montant de la créance due à la collectivité locale au titre du fait générateur doit être déterminé. C'est l'objet de la liquidation. Cette opération suppose la vérification du droit de créance, car toute créance doit reposer sur un texte, et l'identification du redevable. Comme le prévoit l'article 46 du décret RGCP du 24 novembre 2011, les bases sur lesquelles la liquidation est effectuée doivent être indiquées. Cela signifie que les titres de perception doivent mentionner la nature, le montant et la période à laquelle la créance se rapporte.

C. L'ordonnancement

138- Toute créance constatée et liquidée fait l'objet d'un titre de perception ou d'un ordre de recette émis par l'ordonnateur.

L'ordonnancement est la transmission par l'ordonnateur au comptable du titre de recette. C'est un ordre qu'il lui donne de recouvrer la recette. En cas de carence de la part de l'ordonnateur, le ministre en charge des collectivités locales, saisi par le représentant de l'État et après mise en demeure, peut y procéder d'office, par application des dispositions combinées des articles 128 et 208 de la loi portant CGCL du 28 décembre 2013.

139- Pour les impôts directs, le titre de perception est constitué par le rôle qui est un registre sur lequel sont mentionnés le nom des contribuables et le détail des montants qu'ils doivent payer. Pour les recettes fiscales, comme le prévoit l'article 34 alinéa 2 de la loi précitée, il y a application des dispositions particulières du Code général des impôts. En effet, les rôles des impositions sont établis par les services d'assiette et transmis à l'exécutif local. Une fois visés par ce dernier, ils valent titres de recettes et deviennent exécutoires. Il est mis à la charge du service des impôts situé sur le territoire de la collectivité locale, par l'article 85 de la Directive UEMOA portant régime financier des collectivités territoriales, l'obligation de diriger et de surveiller l'assiette de toutes les impositions sur rôle établies au profit de cette collectivité locale.

Pour les autres recettes de la collectivité locale, l'exécutif local joue pleinement son rôle d'ordonnateur dans l'émission du titre de perception.

Quant aux ordres de recettes ou de reversement, l'article 47 du décret portant RGCP du 24 novembre 2011, texte applicable aux collectivités locales, sous réserve de dispositions spécifiques, dispose qu'ils sont rendus exécutoires par l'ordonnateur qui les émet. À cet effet, il les revêt de la formule exécutoire, les date et signe.

140- Il faut toutefois noter qu'il existe des cas où l'ordonnateur n'a pas à émettre un titre de recette. C'est lorsque les créances de la collectivité locale sont déjà constatées par un titre exécutoire. Ces titres exécutoires sont constitués par les états de liquidation d'impôts et taxes assimilées, les titres de régularisation, les baux, les contrats, les décisions de justice devenues définitives et les arrêtés de débet.

141- Les titres de recettes à transmettre au comptable de la collectivité locale font l'objet de certaines diligences déterminées par l'article 86 de la Directive UEMOA du 24 juin 2011 précitée. Ils sont récapitulés, dans l'ordre croissant, sur un bordereau en trois exemplaires. L'un des exemplaires est destiné au bureau des archives de la collectivité locale où les bordereaux sont classés dans l'ordre chronologique, et les deux autres au comptable de la collectivité locale dont l'un sera joint à son compte de gestion. Les bordeaux doivent reprendre certains éléments figurant sur les titres de recettes qu'ils récapitulent. Ces éléments sont la désignation du débiteur, la date d'émission, le numéro du titre de recette, l'imputation budgétaire et le montant de la somme à recouvrer.

142- Les titres de recettes peuvent faire l'objet de rectifications pour des erreurs dans les bases de calcul, les décomptes, l'indication du débiteur ou l'imputation budgétaire. Ces erreurs donnent alors lieu à des titres rectificatifs d'annulation, de réduction ou de titres de recettes complémentaires sous forme d'ordres de recettes. L'ordonnateur établit un état qui précise, pour chaque titre, l'erreur commise. Les titres, appuyés d'un certificat administratif de l'ordonnateur, sont transmis au comptable dans les mêmes conditions que les autres titres de recettes.

Paragraphe II. La phase comptable de l'exécution des recettes

Les titres de recettes, appuyés des pièces justificatives, sont transmis au comptable. Celui-ci les prend en charge pour les recouvrer.

A. La prise en charge du titre de recette.

143- Comme la prise en charge du titre de recette par le comptable se fait sous sa responsabilité personnelle, il doit, au préalable, contrôler la régularité de la recette à partir des pièces justificatives qui l'accompagnent.

Le contrôle porte, d'après l'article 34 du décret du 24 novembre 2011 précité, sur l'autorisation de percevoir les recettes en vérifiant, en l'occurrence, s'il y a un texte qui les autorise, la mise en recouvrement et la liquidation des créances, ainsi que la régularité des réductions et annulations de titres de recettes. Après ces vérifications, le comptable prend en charge la recette en l'enregistrant dans sa comptabilité. Comme c'est une comptabilité en partie double, la prise en charge donne lieu à une écriture avec un débit à un compte de tiers, pour constater le montant de la créance de la collectivité locale, et un crédit, pour le même montant, au compte de recettes concerné selon la nature de la recette, à savoir le compte de la classe 1, s'il s'agit d'une recette d'investissement, ou de la classe 7 s'il s'agit d'une recette de fonctionnement.

B. Le recouvrement de la créance

144- Dès qu'il prend en charge le titre de recette, le comptable doit faire toutes les diligences nécessaires pour le recouvrement de la créance aux échéances déterminées par les lois, règlements ou actes la régissant. Il notifie le titre de recette au débiteur par avis comportant la date d'échéance et les modalités de règlement. Au fur et à mesure de l'encaissement des recettes, le comptable crédite les comptes de tiers initialement mouvementés lors de la prise en charge des titres de recettes, et débite le compte de disponibilités au Trésor. Ainsi, à la fin de ces opérations de prise en charge et de recouvrement, la comptabilité du comptable de la collectivité locale doit faire apparaître :

- le montant des titres de recettes émis par l'ordonnateur et acceptés par le comptable : la totalisation des masses créditrices des comptes de recettes doit correspondre au montant cumulé des titres émis par l'ordonnateur ;
- le montant des titres recouvrés par le comptable et des restes à recouvrer ;
- la situation du compte au Trésor : les débits représentent les encaissements constatés au profit de la collectivité locale et les crédits représentent les décaissements. Le solde du compte au Trésor, qui ne peut jamais être créditeur, représente le montant des disponibilités de la collectivité locale.

145- Les modalités de paiement qui sont prévues à l'article 51 du décret du 24 novembre 2011 sont le versement d'espèces donnant lieu à la délivrance d'une quittance, sauf pour les règlements pour lesquels le redevable reçoit des tickets ou timbres qui ont, par eux-mêmes, valeur probatoire, la remise de chèques ou d'effets bancaires ou postaux, le versement ou le virement dans l'un des comptes de disponibilités ouverts au nom des comptables publics qui donnent lieu à déclaration.

146- Pour payer sa dette, le redevable ne saurait opposer la compensation à la collectivité locale créancière dans le cas où il se trouve en même temps être son créancier. Il faut rappeler que la compensation constitue un mode simplifié d'extinction de dettes réciproques qui sont certaines, liquides et exigibles. L'impossibilité pour un créancier privé d'opposer la compensation à un organisme public est une règle fondée sur le caractère insaisissable des patrimoines publics et sur le principe général selon lequel les personnes publiques ne peuvent faire l'objet des voies d'exécution du droit commun[75].

La prescription est également prévue par l'article 54 comme un mode de paiement. Le redevable se trouve libéré de sa dette s'il peut prouver qu'elle lui est acquise.

147- Normalement, le débiteur se libère spontanément de sa dette envers la collectivité locale avant l'échéance. À défaut, et après une tentative de recouvrement à l'amiable, l'article 91 de la Directive UEMOA du 24 juin 2011 prévoit que le comptable, sous sa responsabilité personnelle et pécuniaire, engage contre les débiteurs en retard le processus de recouvrement forcé. Il utilise tous les voies et moyens de droit nécessaires à cet effet, comme les avis à tiers détenteur, les exploits, significations et poursuites. Toutefois, le débiteur peut contester la créance de la collectivité locale devant la juridiction compétente. Cependant, cette action n'a pas d'effet suspensif si elle porte sur l'assiette et la liquidation de la créance. Il

[75] P. Amselek, « La compensation entre les dettes et les créances des personnes publiques » in Revue du droit public, 1988, p 1486.

reste que, selon l'article 55 du décret portant RGCP du 24 novembre 2011, le recouvrement peut être suspendu, une remise de dette, une transaction ou une adhésion à un concordat peuvent intervenir dans les conditions prévues par les règles propres à chaque collectivité locale.

148- En général, quand il y a prise en charge de titres de recettes, il y a des restes à recouvrer. L'état des restes à recouvrer pour chaque exercice est établi, par nature de recettes, par le comptable de la collectivité locale à la fin de l'exercice. Le montant de ces restes doit être conforme au solde des différents comptes de débiteurs ouverts dans la nomenclature des comptes. Une fois soumis à l'ordonnateur et visé par celui-ci, le comptable joint l'état des restes à recouvrer à son compte de gestion, conformément à l'article 24 du décret du 4 juillet 1966 portant régime financier des collectivités locales. Il est aussi joint au compte administratif de l'ordonnateur, comme prévu par l'article 93 de la Directive UEMOA du 24 juin 2011.

L'état des restes à recouvrer est adressé à l'ordonnateur pour être soumis à la délibération du conseil de la collectivité locale. À cette fin, il est accompagné des pièces justificatives du non-recouvrement des créances. Le comptable peut également y joindre des demandes d'admission en non-valeur pour celles des créances qu'il estime irrécouvrables. Le conseil décide alors, selon les dispositions de l'article 94 de la Directive UEMOA précitée, de la portion des restes à recouvrer dont le recouvrement doit être poursuivi et de la portion des restes à recouvrer admis en non-valeur pour des raisons liées à l'insolvabilité des débiteurs, la caducité des créances ou la disparition des débiteurs. Il peut décider qu'une portion des restes à recouvrer soit laissée à la charge du comptable. Dans ce cas, celui-ci doit poursuivre le recouvrement ou solder lui-même la créance.

149- L'admission en non-valeur étant une forme d'apurement des créances, comme les recouvrements effectifs et les réductions et annulations de droits préalablement liquidés, le montant des créances admises en non-valeur est retranché des prises en charge antérieures.

C'est au vu de la décision d'admission en non-valeur de la collectivité locale, valant ouverture de crédits, et du mandat de l'ordonnateur, que le comptable l'efface de ses écritures. Pour ce faire, il crédite le compte de tiers où sont imputés les titres de recettes à recouvrer et débite le compte relatif aux admissions en non-valeur. Toutefois, la responsabilité du comptable n'est pas définitivement dégagée du seul fait de la décision d'admission en non-valeur. Elle est d'ordre administratif et, dès lors, ne lie pas la Cour des comptes.

Section II. L'exécution des dépenses

Aux termes de l'article 96 de la Directive UEMOA du 24 juin 2011 portant régime financier des collectivités territoriales, « Les dépenses sont engagées, liquidées et ordonnancées avant d'être payées ». La procédure d'exécution des dépenses des collectivités locales comprend ainsi, comme l'indique l'article84 alinéa 4 du décret portant RGCP du 24 novembre 2011, une phase administrative et une phase comptable.

Paragraphe I. La phase administrative de l'exécution des dépenses

Elle met en jeu l'ordonnateur et comprend l'engagement, la liquidation et l'ordonnancement de la dépense.

A. L'engagement

150- L'engagement est l'acte par lequel la collectivité locale crée ou constate une obligation qui fait naître une charge en son encontre. C'est l'engagement juridique réservé, pour les collectivités locales, aux seuls ordonnateurs ou à leurs adjoints. L'acte par lequel la collectivité locale s'engage peut être un contrat comme un marché, un emprunt ou un bail, ou une décision unilatérale comme une décision ministérielle accordant une subvention. L'acte peut aussi résulter de l'application d'une réglementation comme en matière de solde ou d'une décision juridictionnelle condamnant définitivement la collectivité locale à indemniser un tiers ou un autre organisme public. À côté de l'engagement juridique, existe l'engagement comptable qui consiste, selon l'article 85 du décret du 24 novembre 2011, à affecter des crédits au paiement de la dépense.

L'engagement doit se faire sur des crédits régulièrement ouverts et dans le respect du principe du caractère limitatif des crédits. Ainsi, avant la décision d'utiliser les crédits ouverts sur une rubrique budgétaire, l'ordonnateur doit en vérifier la disponibilité. Les crédits disponibles, d'après l'article 60 du décret portant régime financier des collectivités locales du 4 juillet 1966, sont ceux qui n'ont pas encore donné lieu à engagement de dépense. Ainsi s'explique l'obligation de la tenue d'une comptabilité des engagements pour s'assurer à tout moment de la disponibilité des crédits. Dans le décret précité, cette obligation incombe au comptable de la collectivité locale qui vérifie la disponibilité des crédits sur la base des fiches d'engagement envoyées par l'ordonnateur pour ses projets de dépenses. La tenue de la comptabilité des engagements doit incomber à l'ordonnateur et c'est la solution prévue par l'article 123 de la Directive UEMOA portant régime financier des collectivités territoriales du 24 juin 2011.

B. La liquidation

151- La liquidation a un double objet, comme le rappelle l'article 28 du décret portant régime financier des collectivités locales du 4 juillet 1966. Elle consiste, d'une part, à constater les droits du créancier de la collectivité locale, c'est-à-dire à vérifier que la créance existe et qu'elle est exigible. Elle consiste, d'autre part, à arrêter ces droits, c'est-à-dire à fixer le montant exact de la créance à la date de la liquidation. La liquidation ne peut être faite que par l'ordonnateur ou son délégué, et qu'après un engagement régulier sur des crédits disponibles et au vu de titres et pièces justifiant les droits acquis des créanciers. Ces justificatifs sont, notamment, les marchés, les mémoires et factures, ainsi que les procès-verbaux de réception signés par les responsables des services bénéficiaires. La liquidation constituant le fait générateur de la dépense, c'est à ce moment que celle-ci est enregistrée, conformément à l'article 99 de la Directive UEMOA du 24 juin 2011.

C. L'ordonnancement

152- L'ordonnancement est l'acte intervenant après la liquidation de la dépense et au vu des résultats de celle-ci. Il consiste en une demande faite par l'ordonnateur au comptable de payer la dépense sous la forme d'un mandat de paiement. D'après l'article 103 de la Directive UEMOA précitée, les mentions devant figurer obligatoirement sur chaque mandat de paiement portent sur :

- l'exercice budgétaire ;
- le numéro du mandat ;
- le numéro d'ordre du bordereau d'émission ;
- le nom du créancier et ses références bancaires ;
- l'imputation budgétaire de la dépense ;
- le montant de la dépense ;
- la récapitulation des pièces justificatives de la dépense ;
- l'arrêté du montant du mandat en lettres ;
- la mention de l'acquit du bénéficiaire ;
- le mode de règlement et la signature de l'ordonnateur.

D'après l'article 104 de la Directive précitée, les mandats et les pièces justificatives qui les appuient, transmis au comptable de la collectivité locale, sont récapitulés dans l'ordre croissant des articles budgétaires, sur un bordereau en trois exemplaires. Le premier est destiné au comptable, le deuxième est renvoyé par le comptable à l'ordonnateur pour son classement aux archives de la collectivité locale, et le troisième est joint au compte de gestion du comptable.

Paragraphe II. La phase comptable de l'exécution de la dépense

153- Quand il reçoit un mandat de paiement de l'ordonnateur, le comptable de la collectivité locale exerce des contrôles avant de passer à l'opération matérielle de paiement. Il joue ainsi, comme l'indique l'Instruction n° 006 du 05 novembre 1999 sur la comptabilité des collectivités locales, un double rôle à savoir celui de payeur et celui de caissier.

A. Le rôle de payeur du comptable public

Les comptables ne sauraient, sans manquer gravement à leurs obligations, présumer de la seule émission d'un mandat, la régularité d'une dépense. Mais avant de présenter les contrôles qui sont prévus par la réglementation, il ne serait pas inutile de rappeler ceux qui leur sont interdits.

1. Les contrôles interdits aux comptables

a. Le contrôle de l'opportunité des dépenses

154- L'interdiction du contrôle de l'opportunité des dépenses est posée à l'article 269 de la loi portant CGCL du 28 décembre 2013 dans les termes suivants : « Le comptable ne peut subordonner ses actes de paiement à une appréciation de l'opportunité des décisions prises par l'ordonnateur ». Il n'appartient pas au comptable d'avancer, par exemple, qu'un ouvrage public devait être construit à tel endroit ou qu'il n'était pas indispensable. Pour l'appréciation de l'opportunité de leurs décisions, les collectivités locales ne relèvent que des citoyens.

b. Le contrôle de la légalité des dépenses

Le comptable payeur ne peut s'ériger en juge de la légalité des décisions fondant les mandatements de l'ordonnateur. Il ne saurait suspendre le paiement d'une dépense, quand bien même elle serait fondée sur une décision illégale, dès lors que la décision n'est ni annulée, ni retirée.

Le problème s'est posé dans une affaire dont la Cour des comptes française a connu en appel d'un jugement rendu par une chambre régionale des comptes. Les faits sont les suivants : le Code général des collectivités locales impose la production, à l'appui d'un mandatement d'heures supplémentaires, d'une délibération précisant, entre autres, le plafond du nombre d'heures pouvant être effectuées par les bénéficiaires ; une délibération d'un conseil municipal fixe le taux de rémunération des heures supplémentaires effectuées par des agents sans indication du plafond et le comptable a payé des heures supplémentaires au taux prévu par la délibération. Dans son arrêt du 27 février 2003, la Cour estime que le comptable n'a pas à vérifier la régularité de la délibération. C'est dire que même si une dépense est fondée sur des pièces justificatives contradictoires, le comptable ne peut refuser de payer.

c. Le contrôle de la sincérité des dépenses

155- Le paiement d'une dépense publique est normalement subordonné à la réalité, ou si l'on veut, à l'effectivité de la dépense. Cependant, ce contrôle n'est pas mis à la charge des comptables publics. Cette solution est le résultat d'une évolution car, dans un premier temps, la jurisprudence financière a mis en jeu leur responsabilité en raison de paiements effectués sur la base de pièces qui se sont révélées fausses par la suite. Puis cette solution fut assouplie en ce sens que l'on a considéré, comme le prévoient les dispositions de l'article 69 de la Directive UEMOA portant RGCP du 26 décembre 1997, que cette responsabilité pouvait être engagée si les comptables étaient en mesure d'établir le caractère mensonger des pièces qui leur sont présentées. Avec la solution actuelle, telle qu'elle résulte des dispositions de l'article 34 de la Directive UEMOA portant régime financier des collectivités territoriales du 24 juin 2011, les ordonnateurs sont seuls à assumer les conséquences des fausses certifications qu'ils délivrent.

d. Le contrôle de l'utilité publique des dépenses

156- Il n'appartient pas aux comptables publics de vérifier si une dépense publique présente un intérêt pour la collectivité locale. Si, par exemple, des dépenses de frais et de transport effectuées à l'occasion d'une mission et concernant des membres de la délégation qui ne font pas partie des personnels de la collectivité locale, sont exposées par l'ordonnateur, le comptable n'a pas à vérifier si elles présentent une utilité ou un intérêt publics pour la collectivité locale. Toutefois, le juge des comptes autorise l'appréciation de l'utilité publique des dépenses par les comptables publics dans les cas où elles sont manifestement étrangères à l'intérêt des collectivités publiques[76]. À plusieurs reprises, le juge des comptes a engagé la responsabilité d'un comptable public pour avoir payé des dépenses sans lien avec le service, notamment celles portant sur des cadeaux ou des libéralités de toutes sortes. C'est que les deniers publics ne peuvent servir qu'à assurer le paiement de dépenses à caractère public mais non à caractère personnel ou privé.

2. Les contrôles prévus par la réglementation

Les contrôles que les comptables exercent sont strictement des contrôles de légalité budgétaire et comptable. Il sera question, d'une part, de les présenter, d'autre part, d'en exposer le résultat.

[76] A. Le Gall, « L'intérêt public de la dépense » in RFFP, 1996 (54), p 149.

a. La présentation des différents contrôles exercés par les comptables

En matière de dépenses, les contrôles qui s'imposent aux comptables locaux sont, ainsi qu'il suit, limitativement énumérés à l'article 40 du décret du 4 juillet 1966 portant régime financier des collectivités locales et repris à l'article 106 de la Directive UEMOA, précités.

a.1. La signature de l'ordonnateur ou de son délégué

157- Le contrôle de la signature de l'ordonnateur est un contrôle de la compétence de l'auteur de l'acte. Il est dérogatoire à la règle qui interdit aux comptables d'apprécier la légalité des actes administratifs. La jurisprudence financière admet qu'ils n'excèdent pas leur pouvoir de contrôle en relevant qu'une décision est prise par une autorité incompétente[77]. C'est dire que c'est le contrôle de la légalité interne des actes fondant le mandatement des dépenses qui est interdit aux comptables, mais non celui de leur légalité externe.

Le contrôle de la compétence de l'ordonnateur est un contrôle de la qualité de la signature de l'ordre de paiement. À cet effet, l'article 32 alinéa 2 de la Directive UEMOA précitée prévoit que l'ordonnateur et son délégué et/ou suppléants sont accrédités auprès du comptable assignataire des dépenses de la collectivité locale. Cette accréditation consiste pour eux, selon l'article 33, à notifier au comptable leurs actes de nomination et leur spécimen de signature. Ainsi, le comptable pourra vérifier si le mandat est bien signé par l'ordonnateur ou, le cas échéant, par un de ses adjoints régulièrement délégué. Le comptable doit suspendre le paiement si la délégation est absente ou si elle porte sur une matière qui ne peut être déléguée. Il en est de même si la dépense est fondée sur une décision de l'ordonnateur alors que la décision incombait à l'assemblée délibérante.

---

[77] Cour des comptes française, arrêt n° 22200 du 23 février 1999, Caisse des écoles de Chambois.

a.2. La validité de la créance

158- Le contrôle de la validé de la créance, détaillé par l'article 34 du décret portant RGCP du 24 novembre 2011, porte sur les éléments suivants.

a.2.1. La justification du service fait

159- Le contrôle de la justification du service consiste pour le comptable à vérifier que l'ordonnateur de la collectivité a certifié que le service est fait. Cette certification du service fait résulte de son attestation faite par l'ordonnateur au dos de la facture établie par le créancier et qui figure dans le dossier de mandatement. La facture, liquidée par l'ordonnateur, doit elle-même porter certaines mentions obligatoires comme le nom ou la raison sociale du créancier, la nature et la date exacte de la prestation, la désignation de la collectivité locale débitrice, le décompte des sommes dues et la signature du créancier.

Si ces détails manquent sur la facture, la liquidation de la dépense devient impossible et le comptable doit suspendre le paiement[78]. Ces omissions peuvent même être de nature à susciter un doute sur la réalité du service dont l'attestation est faite par l'ordonnateur. C'est le cas dans une affaire où le maire d'une commune transmet au comptable un mandat relatif au paiement du salaire d'un surveillant de baignade alors que la piscine qu'il était censé surveiller était encore en construction. L'attestation de service fait établie par le maire ne précisait ni la nature du travail, ni la réalité de son exécution. Le juge des comptes a confirmé le débet prononcé en première instance contre le comptable en estimant que le fait pour lui d'avoir formulé des observations orales à l'ordonnateur montre qu'il avait un doute sur la réalité du service et qu'il devait, dès lors, suspendre le paiement[79].

---

[78] CRC de Rhône-Alpes, jugement du 29 janvier 1997 in La Revue du Trésor, n° 6, juin 1997, p 374.
[79] Cour des comptes française, arrêt n° 25937 du 25 mai 2000.

Le contrôle de la justification du service fait porte également sur la production des pièces justificatives. Le comptable s'assure de l'exactitude des pièces justificatives qui accompagnent le mandat de paiement. À cet effet, il se réfère aux instructions ministérielles qui fixent les nomenclatures des dépenses des collectivités locales. Ces nomenclatures prévoient, par catégorie de dépenses, les pièces justificatives correspondantes. Dans un projet d'arrêté interministériel sur la nomenclature des pièces justificatives des collectivités locales, on peut relever les exemples suivants de catégorie de dépenses et de pièces justificatives correspondantes :

- pour la location d'immeubles :
    - décision de mandatement de la dépense relative à la location ;
    - contrat de location et délibération autorisant la conclusion du contrat ;
    - facture établie par le propriétaire du service, liquidée et certifiée par l'ordonnateur.
- pour les intérêts et emprunts bancaires :
    - délibération du conseil de la collectivité locale autorisant à contracter le prêt ;
    - acte juridique fixant les conditions d'octroi du prêt et les modalités de son remboursement : contrat ou convention ;
    - décision de mandatement du remboursement.
- pour les frais de mission :
    - ordre de mission signé par l'ordonnateur ;
    - feuille de déplacement spécifiant grade, fonction et objet de la mission signé par le bénéficiaire, certifié et liquidé par l'ordonnateur et visé au départ et à l'arrivée avec le décompte du nombre de jours effectués.

La règle du service fait connaît une exception en matière d'avance. S'il s'agit de subventions, elle s'applique à la date à laquelle est intervenue la décision attributive de la subvention. Mais dans certaines réglementations nationales comme dans le décret français n° 99-940, on peut prévoir que l'attribution de la subvention peut être subordonnée à la réalisation de certaines conditions à savoir l'évaluation *ex post* et la production des pièces justificatives.

a.2.2. L'intervention préalable des contrôles, autorisations, approbations, avis ou visas réglementaires

160- Dans cette rubrique, on peut donner, comme exemple, les actes soumis à l'approbation préalable du représentant de l'État. Un paiement relatif à une dette arrivée à échéance n'est régulier que si l'emprunt correspondant a été, au préalable, approuvé par le représentant de l'État. Les comptables doivent vérifier le caractère exécutoire des actes qui leur sont présentés.

a.2.3. L'application des règles de prescription et de déchéance

161- Le délai de prescription des créances détenues sur les collectivités est le même que celui prévu pour les créances de l'État. C'est un délai de quatre ans qui commence à courir, d'après l'article 116 de la Directive UEMOA précitée, à partir du premier jour de l'année suivant celle au cours de laquelle les droits sont acquis. Cependant, il y a des causes d'interruption, de suspension et d'exemption de la prescription définies par la réglementation en vigueur.

En général, le cours de la prescription peut être interrompu par une demande de paiement ou une réclamation écrite présentée par le créancier, un recours juridictionnel, une communication écrite de l'administration ou l'émission d'un règlement, même partiel. Quant aux causes de suspension, elles peuvent être constituées par l'empêchement d'agir du créancier, l'ignorance légitime de la créance ou l'existence d'une opposition au paiement. S'agissant de l'exemption de la prescription, elle peut être décidée par le conseil de la collectivité locale.

a.2.4. L'imputation de la dépense

162- Le contrôle de l'imputation de la dépense est fait en application du principe de la spécialité budgétaire. Il consiste à vérifier si la dépense correspond à l'intitulé de l'article budgétaire sur lequel elle est imputée. Selon l'article 106 de la Directive UEMOA précitée, ce contrôle s'exerce, « le cas échéant ». Cela veut dire qu'il n'est pas obligatoire, ce qui constitue une nouveauté par rapport au décret du 4 juillet 1966 portant régime financier des collectivités locales. L'article 106 reprend ainsi la solution désormais prévue pour les contrôles exercés par comptables de l'État.

a.2.5. La disponibilité des crédits

163- Le contrôle de la disponibilité des crédits assure le respect du principe du caractère limitatif des crédits. Une dépense ne peut être imputée sur une rubrique budgétaire que s'il y existe des crédits disponibles. Le montant des crédits disponibles s'obtient en déduisant du montant des crédits ouverts, celui des crédits déjà consommés. Toutefois, ce contrôle n'est pas obligatoire car, comme celui de l'imputation de la dépense, il s'exerce « le cas échéant ».

b. Le résultat des contrôles exercés par les comptables

b.1. Le visa du comptable

164- Si les contrôles exercés par le comptable ne révèlent, de sa part, aucune irrégularité ou insuffisance, il appose sur les pièces justificatives et sur le mandat, le visa « sans observations » ou « bon à payer ». Le visa peut être simplement différé comme le prévoit l'article 107 de la Directive UEMOA précitée. C'est le cas où le dossier de mandatement ne révèle pas d'irrégularités, mais simplement que les pièces justificatives sont insuffisamment précises. Dans ce cas, le comptable réclame à l'ordonnateur un certificat administratif complétant les énonciations en cause. Si les régularisations sont faites, les mandats sont visés et les dépenses admises au paiement. Le comptable prend en charge les mandats par leur enregistrement comptable et procède à leur mise en paiement.

b.2. Le refus de visa du comptable

Certaines circonstances entraînent le refus de visa du comptable. Toutefois, ce refus peut être contourné par l'ordonnateur par l'usage de son pouvoir de réquisition.

b.2.1. Les motifs justifiant le refus de visa du comptable

165- Le visa est refusé si, d'après l'article 107 précité, le comptable relève dans les pièces justificatives ou dans les mandats, des erreurs matérielles, des omissions ou des irrégularités. Dans ce cas, ainsi que le prescrit l'article 44 alinéa 2 du décret du 4 juillet 1966 portant régime financier des collectivités locales, le comptable retourne le dossier de mandatement (mandat et pièces justificatives) à l'ordonnateur, annote le bordereau de la mention de rejet et lui fournit une déclaration écrite et dûment motivée de son refus.

166- Cependant, lorsque le comptable refuse, à tort, d'apposer son visa, s'il ne délivre pas à l'ordonnateur la déclaration motivée de ce refus ou s'il retarde indûment la mise en paiement d'une dépense, l'article 46 du décret du 4 juillet précité prévoit qu'il est responsable des dommages qui pourraient en résulter. En effet, le créancier de la collectivité locale qui ne parvient pas à se faire payer par la faute du comptable peut obtenir de la juridiction administrative, saisie d'un recours de plein contentieux, la condamnation de la collectivité locale à payer la somme due avec, éventuellement, les intérêts moratoires ou compensatoires[80]. Le comptable tomberait alors sous le coup des dispositions de l'article 37 du décret RGCP du 24 novembre 2011 qui prévoient la responsabilité du comptable qui, par sa faute, oblige l'organisme public à indemniser un autre organisme public ou un tiers. Il s'agit de sa responsabilité devant la Cour des comptes qui se traduit par un arrêt le constituant débiteur envers la collectivité locale du montant du préjudice qu'il lui a causé.

b.2.2. Le pouvoir de réquisition de l'ordonnateur

167- La réquisition consiste, en quelque sorte pour l'ordonnateur, à forcer la main au comptable, l'obligeant à payer une dépense qu'il a ordonnancée, nonobstant les omissions, insuffisances ou irrégularités relevées par le comptable. Ce pouvoir de réquisition n'est pas reconnu à l'ordonnateur sous l'empire des dispositions de l'article 44 alinéa1[er] du décret du 4 juillet 1966 précité. En cas de litige entre l'ordonnateur et le comptable, l'ordonnateur doit s'en référer au ministre en charge des collectivités locales qui en informe le supérieur hiérarchique du comptable. Et si ce dernier confirme la position du comptable, le litige est tranché par une décision conjointe du ministre chargé des finances et de celui en charge des collectivités locales. Cette décision s'impose au comptable mais dégage en même temps sa responsabilité.

Le pouvoir de réquisition de l'ordonnateur figure dans la loi n° 96-06 du 22 mars 1996 portant Code des collectivités locales, en son article 359, mais il y est circonscrit au paiement des dépenses obligatoires. C'est la même solution que reprend l'article269 de la loi portant CGCL du 28 décembre 2013. Pour sa part, la Directive UEMOA portant régime financier des collectivités territoriales du 24 juin 2011 l'étend à toutes les dépenses, quel que soit leur statut, à travers les dispositions de son article 108 qui en fixent aussi le régime juridique qui est formé de trois éléments.

---

[80] P. Amselek, « Les refus des comptables publics d'exécuter les ordres de paiement et le juge de l'excès de pouvoir » in AJDA 1973, p 172.

Le premier élément du régime juridique de la réquisition est relatif au déclenchement de la procédure. L'ordonnateur ne peut y recourir qu'en cas de refus persistant de la part du comptable. Le deuxième élément est relatif à la portée du pouvoir de réquisition. Ce pouvoir est inopérant lorsque le refus de visa est motivé par l'indisponibilité des crédits, l'insuffisance des fonds, l'absence de justification du service fait, sauf pour les avances et les subventions, le caractère non libératoire du règlement et l'absence de visa du contrôleur financier, le cas échéant. Dans chacun de ces cas, le comptable doit refuser d'obtempérer. Le troisième élément porte sur les conséquences juridiques de la réquisition, en termes de responsabilités.

Si la réquisition ne porte pas sur un des éléments limitant le pouvoir de réquisition tels qu'ils viennent d'être énumérés et qu'elle peut donc être valablement opérée, l'ordre doit indiquer le numéro et la date du mandat, ainsi que l'objet et le montant de la dépense. C'est dire que l'ordre de réquisition ne peut être ni absolu, ni général. Le comptable procède au paiement et annexe au mandat une copie de sa déclaration de rejet et l'original de l'acte de réquisition. Une copie de l'ordre de réquisition est transmise au représentant de l'État et à la Cour des comptes, conformément à l'article 269 de la loi portant CGCL du 28 décembre 2013. La responsabilité personnelle et pécuniaire de l'ordonnateur se substitue alors à celle du comptable.

On a jugé que si l'ordonnateur n'exerce pas son pouvoir de réquisition, s'il existe, la suspension de paiement par le comptable est insusceptible de recours pour excès de pouvoir. Le sont, en revanche, le refus de l'ordonnateur de l'exercer et le refus du comptable d'y déférer.

B. Le rôle de caissier du comptable

168- La date du paiement est importante car c'est à ce moment qu'est appréciée la responsabilité du comptable. La conséquence qui en résulte est l'irrecevabilité des justifications qui lui sont postérieures. Le paiement des dépenses publiques exige un certain nombre de contrôles préalables et peut se faire selon plusieurs modalités.

1. Les contrôles préalables

Ces contrôles préalables portent sur le caractère libératoire du paiement, la disponibilité des fonds et l'existence d'une situation de compensation.

a. Le caractère libératoire du paiement

169- Pour être libératoire, le paiement doit être fait entre les mains du créancier de la collectivité locale ou entre celles de ses représentants, légaux ou conventionnels. C'est pourquoi, avant tout paiement et conformément à l'article 109 alinéa 2 de la Directive UEMOA portant régime financier des collectivités territoriales du 24 juin 2011, le comptable de la collectivité territoriale doit « vérifier les droits et qualités des parties prenantes et la régularité de leurs acquits ». Un cas banal de paiement non libératoire est, par exemple, celui dans lequel le comptable se trompe de fournisseur en envoyant un chèque pour le règlement d'une dépense. Il est des cas où le comptable doit veiller à ce que le paiement soit fait au véritable créancier. C'est lorsqu'il y a un transport de créance qui lui a été régulièrement notifié ou de subrogation dont il a été bien informé. Ainsi, lorsqu'un marché public a été donné en nantissement à une banque, les paiements y relatifs doivent être faits entre les mains de la banque.

170- Le contrôle du caractère libératoire du paiement inclut, selon l'article 34 du décret RGCP du 24 novembre 2011, le contrôle de l'existence éventuelle d'oppositions, notamment de saisies. Les oppositions au paiement sont faites entre les mains des comptables par les titulaires de créances sur les créanciers des collectivités locales. Comme l'indique l'article 113 de ce même décret, ces oppositions ont pour objet d'arrêter un paiement. Quand les comptables refusent un paiement à la suite d'une opposition, l'article 113 leur prescrit de remettre aux porteurs de titres une déclaration motivée indiquant le nom et le domicile des opposants.

b. La disponibilité des fonds

171- Le comptable ne peut pas payer une dépense sans fonds disponibles. Si le montant de la trésorerie disponible est inférieur aux sommes à payer, l'article 110 de la Directive UEMOA précitée prévoit que le comptable en informe l'ordonnateur qui fixe alors l'ordre dans lequel il devra payer les mandats en suspens. Cependant, quel que soit l'ordre de paiement donné par ce dernier, la priorité sera donnée au paiement des arrêtés valant mandats du représentant de l'État, des dépenses effectuées sur recettes grevées d'affectation spéciale et des mandats visés et impayés de l'exercice précédent. Pour gérer au mieux les tensions de trésorerie, le comptable doit, en relation avec l'ordonnateur, élaborer et mettre régulièrement à jour un plan de trésorerie.

c. L'existence d'une situation de compensation

172- Avant le paiement des dépenses des collectivités locales, les comptables publics doivent vérifier si les bénéficiaires des paiements ne sont pas, en même temps, débiteurs de ces collectivités. Si tel est le cas, ils doivent opérer d'office la compensation, conformément aux dispositions de l'article 53 alinéa 2 du décret portant RGCP du 24 novembre 2011. Mais comme la compensation ne peut jouer que si les dettes réciproques sont liquides et exigibles, elle ne peut être opposée au créancier privé si la créance de la personne publique voit son exigibilité suspendue par l'octroi d'un sursis de paiement ou d'un sursis d'exécution. Il en de même si la créance de la personne publique est sérieusement contestée dans son principe même ou dans son montant ou si celle du créancier privé est insaisissable.

Si les conditions de la compensation sont réunies, le comptable l'opère à due concurrence en refusant de payer la dette de la collectivité locale à hauteur de la créance que celle-ci détient sur son créancier. En ne le faisant pas, sa responsabilité personnelle et pécuniaire serait engagée si, ultérieurement, la collectivité locale ne parvenait pas à recouvrer sa propre créance[81].

2. Les modalités de paiement

173- Le paiement des dépenses des collectivités locales est fait, selon l'article 109 de la Directive UEMOA précitée, par remise d'espèces, de chèques, par virement bancaire ou postal, dans le respect des dispositions du Règlement général sur la comptabilité publique.

Pour le paiement par virement, le décret portant RGCP du 24 novembre 2011 prévoit que le montant pour lequel il est obligatoire est fixé par la réglementation en vigueur. L'article 38 du décret portant régime financier des collectivités locales du 4 juillet 1966 le fixe à cent mille francs. Il faut préciser que, au cas où le paiement est effectué, à la demande du créancier, par un mode de règlement qui génère des frais, le montant de ces frais est déduit du montant des sommes qui sont dues.

[81] P. Amselek, op-cit, p 1490.

CHAPITRE II

LES PROCÉDURES DÉROGATOIRES D'EXÉCUTION DES BUDGETS LOCAUX : LES RÉGIES D'AVANCES ET LES RÉGIES DE RECETTES

174- Les régies de recettes et les régies d'avances constituent des dérogations à la procédure normale d'exécution des recettes et des dépenses car il n'y a pas émission préalable de titre de la part de l'ordonnateur. Il importe de préciser les notions de régie d'avances, encore appelées caisses d'avances[82], et de régie de recettes (Section I), avant d'analyser leur cadre juridique (Section II), les modalités de leur création et celles de nomination des régisseurs (Section III), leur fonctionnement (Section IV), ainsi que la responsabilité des régisseurs (Section V).

Section I. Les notions de régie de recettes et de régie d'avances

175- L'institution des régies est une dérogation au principe de la séparation des fonctions d'ordonnateur et de comptable dans la mesure où ce sont des agents de l'ordre administratif, appelés régisseurs, qui sont habilités à recouvrer certaines recettes (régisseurs de recettes) ou à payer certaines dépenses (régisseurs d'avances) pour le compte de comptables publics. C'est en ce sens qu'ils sont dénommés « administrateurs-comptables » dans le décret n° 66-458 portant RGCP du 17 juin 1966.

Les comptables pour le compte desquels les régisseurs exécutent ces opérations sont les comptables qui en sont assignataires. Les régisseurs sont placés sous leur autorité et leur contrôle. Ces comptables de rattachement doivent se faire justifier périodiquement

---

[82] Voir la Circulaire n° 62 du 20 juillet 1960 du Président du Conseil sur les caisses d'avances ou la Circulaire n° 30 DCPT du 30 mars 1966 du ministre des Finances.

ces opérations pour les reprendre dans leurs écritures et dans leurs comptes. L'institution des régies s'explique par le fait que la procédure normale d'exécution des opérations financières, qui suppose l'intervention préalable de l'ordonnateur, n'est pas adaptée pour les opérations qui ne présentent pas de grands enjeux financiers ou qui sont urgentes.

Section II. Le cadre juridique des régies de recettes et des régies d'avances

L'institution des régies de recettes et des régies d'avances des collectivités locales est prévue par la Directive UEMOA portant régime financier des collectivités territoriales du 24 juin 2011. Elle renvoie, en son article 121, aux réglementations nationales pour les modalités de création et de fonctionnement ainsi que pour les conditions de nomination des régisseurs. En droit interne sénégalais, il n'existe pas encore de texte spécifique sur les régies d'avances et les régies de recettes des collectivités locales. Toutefois, le décret du 4 juillet 1966 portant régime financier des collectivités locales prévoit ces procédures dans les dispositions de son article 16 et renvoie, pour les obligations et responsabilités des régisseurs des collectivités locales, à celles qui sont prévues pour les régisseurs de l'État.

Le cadre juridique des régies d'avances et des régies de recettes des collectivités est donc formé de deux catégories de dispositions. Ce sont, d'une part, les dispositions contenues dans les textes relatifs au régime financier des collectivités locales, à savoir la Directive UEMOA du 24 juin 2011 et le décret du 4 juillet 1966, précités, d'autre part, celles contenues dans les textes applicables aux régisseurs de l'État auxquels renvoie le décret du 4 juillet 1966.

Ces derniers comprennent des textes généraux, comme le décret portant RGCP du 24 novembre 2011 et le décret n° 62-0195 du 17 mai 1962 portant réglementation concernant les comptables publics qui, en son article 1er, fixe les responsabilités communes à tous les comptables publics, et un texte spécifique, en l'occurrence le décret n° 2003-657 relatif aux régies de recettes et aux régies d'avances de l'État du 14 août 2003 qui abroge et remplace l'Instruction générale n° 4 M.F.A.E du 14 janvier 1976.

Section III. La création des régies et la nomination des régisseurs

Paragraphe I. La création des régies

L'autorité compétente pour créer une régie, d'après l'article 16 alinéa 1er du décret du 4 juillet portant régime financier des collectivités locales précité, est l'ordonnateur. Cependant, la décision ne peut être prise qu'après avis conforme du comptable de la collectivité locale.

A. La création des régies de recettes

176- L'acte constitutif d'une régie de recettes mentionne la nature des recettes à encaisser. Il s'agit, en principe, selon l'article 16 du décret du 4 juillet précité, de recettes perçues au comptant. En effet, il s'agit de recettes recouvrées sans émission préalable de titre de perception[83]. L'Instruction générale du 14 janvier 1976 précitée donne, comme exemples, les droits d'entrée, le produit de cession de brochures, cartes, matériels ou de remboursement de services rendus. En tout état de cause, les recettes à caractère fiscal et les redevances ne peuvent être encaissées par le biais d'une régie. L'encaissement d'une recette non prévue dans l'acte qui crée la régie est constitutif d'une gestion de fait.

L'acte instituant la régie fixe également le montant de l'encaisse.

[83] En dehors des régies de recettes, il y a d'autres recettes qui sont encaissées par les comptables locaux sans émission préalable des titres de recettes correspondants. Ce sont, par exemple, les produits fiscaux, les subventions, les transferts de l'État ou la mobilisation des emprunts.

B. La création des régies d'avances

177- L'acte instituant une régie d'avances doit indiquer la nature des dépenses à payer. La Circulaire n° 62 du 20 juillet 1960 du Président du Conseil avait rappelé, à la suite d'abus constatés, le caractère exceptionnel des dépenses à régler sur caisse d'avances. Conformément aux dispositions de l'article 16 du décret du 4 juillet 1966, il s'agit de dépenses de faible montant ou de dépenses urgentes. Dans le premier cas, la régie permet le règlement des menues dépenses des services et dans le second cas, l'accélération de certaines dépenses dont la nature permet de substituer le contrôle *a posteriori* au contrôle *a priori.*

Ces dépenses sont généralement constituées par :

- les menues dépenses de matériel comme les acquisitions de fournitures de bureau ;
- les frais de correspondance ;
- les travaux d'entretien et de réparation ;
- la rémunération des personnels payés sur une base horaire ou à la vacation ;
- les dépenses de transfert dans la limite d'un montant fixé par l'acte constitutif ;
- les secours urgents et exceptionnels ;
- les frais de transport, de mission et de stage, y compris les avances sur ces frais ;
- les frais de réception ;
- les achats de vivres.

Le chef de service a l'obligation de définir de façon précise les dépenses éligibles au paiement par régie et de prévenir les abus en veillant à ce que l'esprit dans lequel la régie est instituée ne soit pas dévoyé.

L'acte constitutif de la régie doit mentionner l'imputation budgétaire des dépenses. Le but est d'éviter que la régie d'avances soit un moyen d'opérer des « glissements de crédits ». Le montant maximum de l'avance mise à la disposition du régisseur est fixé par l'acte constitutif

Il convient de signaler qu'une régie peut être créée de façon temporaire. Elle prend alors la forme de fonds d'avance à régulariser et sa création ne peut excéder six mois. Il en est ainsi pour les chargés de missions comme les corps de troupe.

Paragraphe II. La nomination des régisseurs

178- Les régisseurs, d'après l'article 16 alinéa 2 du décret du 4 juillet 1966 portant régime financier des collectivités locales, sont nommés par l'ordonnateur de la collectivité locale après avis conforme du comptable. Les critères devant guider au choix des régisseurs sont indiqués dans l'Instruction générale n° 4 M.F.A.E du 14 janvier 1976. Ils sont choisis parmi le personnel du service auprès duquel est instituée la régie, sous réserve que l'agent choisi n'exerce pas, par délégation, les fonctions d'ordonnateur, ceci pour éviter le cumul des fonctions d'ordonnateur et de comptable. Il est souhaitable que le choix porte sur un agent disposant de connaissance en matière comptable. Il est également préférable que ce dernier soit un agent titulaire et non contractuel ou auxiliaire.

Les régisseurs sont soumis à l'obligation de cautionnement qu'ils doivent justifier avant leur entrée en fonctions. Ils doivent également être accrédités auprès de l'ordonnateur et du comptable, en déposant auprès d'eux le spécimen de leur signature.

Section IV. Le fonctionnement des régies de recettes et des régies d'avances

Paragraphe I. Le fonctionnement des régies de recettes

179- Les produits d'une régie de recettes sont en principe perçus en numéraire et, en contrepartie, le régisseur délivre un titre qui peut être un ticket ou une quittance. Les quittances sont extraites d'un registre côté et paraphé. Le régisseur doit apposer le cachet du service sur la quittance et la signer avant la remise au client. L'encaissement des recettes peut également se faire, selon l'article 7 du décret du 14 août 2003, par remise de chèques ou par versement ou virement à un compte de disponibilités ouvert ès qualité. Sur autorisation, le régisseur peut ouvrir un compte courant bancaire ou postal.

La justification des recettes encaissées est faite par le régisseur au comptable de la collectivité locale au moins une fois par mois ou quand le plafond de l'encaisse autorisé par l'acte constitutif est atteint. Lorsque ce maximum est atteint, le régisseur a l'obligation de reverser les fonds au comptable de la collectivité locale et de déposer les pièces justificatives des recettes encaissées. Un délai maximum de conservation des fonds est prévu dans le cas où le plafond n'est pas atteint. À chaque versement effectué par le régisseur à la caisse du comptable, celui-ci lui délivre une quittance selon le moyen de recette remis. Le rapprochement entre l'état récapitulatif des recettes et le quittancier du régisseur permet au comptable de contrôler les opérations de ce dernier.

Paragraphe II. Le fonctionnement des régies d'avances

180- Après la création de la régie et la nomination du régisseur, l'avance est mise à la disposition du régisseur par le comptable, sur un compte de dépôt de la régie. Il le fait sur la base d'un mandat émis par l'ordonnateur au vu d'une demande du régisseur, appuyée de l'acte de création de la régie et de l'acte de sa nomination. L'avance est imputée sur les crédits appelés à supporter la dépense. Le montant de cette avance peut être modulé, dans les mêmes formes, selon que la régie apparaît comme sur-dotée ou sous dotée compte tenu du niveau de consommation des fonds. Mais en tout état de cause, il ne peut dépasser le quart du montant prévisible des dépenses annuelles à payer par le régisseur.

Chaque fois que le régisseur justifie de ses dépenses, l'avance est reconstituée par le versement d'une somme égale au montant des justifications. Les demandes de reconstitution sont adressées à l'ordonnateur, appuyées des pièces justificatives des dépenses déjà effectuées. Avec ce système, le régisseur conserve ainsi le montant de l'avance initialement mise à sa disposition. Ces justifications doivent être déposées dans un délai d'un mois. À ce sujet, il faut rappeler que la Circulaire n° 62 du 20 juillet 1960 accordait aux régisseurs la faculté de ne pas produire aux comptables assignataires les pièces justificatives de dépenses inférieures à cinq millions. Cela avait donné lieu à de nombreux abus, notamment à des paiements fractionnés. Elle sera supprimée par l'article 220 du décret RGCP du 17 juin 1966. Désormais, toutes les dépenses payées sur régie sont à justifier par le régisseur au comptable assignataire, dans un délai d'un mois.

Avant de payer des dépenses, le régisseur doit exercer les mêmes contrôles que ceux qui sont prévus pour les comptables publics. Il doit, par exemple, s'assurer de la qualité du donneur d'ordre. Le paiement des dépenses se fait par virement, par chèque, par mandat-carte ou en numéraire, au vu des titres de créance qui peuvent être des factures, des décomptes ou des relevés de frais. Le régisseur doit veiller à se faire donner acquit sur les titres de créance et à ce que la quittance soit datée et signée. Il y a lieu de préciser que les oppositions au paiement sont reçues par les comptables assignataires qui doivent en informer les régisseurs.

À la clôture de l'exercice, le régisseur doit avoir justifié les dernières dépenses qu'il a effectuées. Les justifications sont adressées à l'ordonnateur qui les transmet au comptable. Durant la période complémentaire, le comptable procède à l'imputation définitive des opérations effectuées par les régisseurs, inscrites sur des comptes provisoires. À la fin de leur gestion, les régisseurs d'avances reversent tous leurs avoirs sous forme de disponibilités ou de justifications. Les doubles des pièces justificatives sont conservés pendant deux ans par le régisseur pour les tenir à la disposition des agents ou des corps de contrôle.

Section V. La responsabilité des régisseurs

La responsabilité des régisseurs est analogue à celle des comptables assignataire car elle est à la fois administrative, pénale et pécuniaire.

Paragraphe I. La responsabilité administrative

181- La responsabilité administrative des régisseurs est celle qui les frappe, en leur qualité d'agents publics, dans le déroulement de leur carrière. L'article 42 de la loi n° 2011-08 du 30 avril 2011 relative au statut général des fonctionnaires des collectivités locales prévoit des sanctions disciplinaires pouvant aller du simple avertissement à la révocation avec suspension des droits à pension. Toutefois, aucune de ces sanctions ne peut être prise contre eux s'il est établi que l'ordre de décision auquel ils ont refusé de donner suite était de nature à engager leur responsabilité personnelle et pécuniaire.

Paragraphe II. La responsabilité pénale

182- La responsabilité pénale est celle encourue par les régisseurs pour les faits qualifiés de crimes ou délits par la loi pénale. Il peut s'agir, en particulier, de faux en écriture publique et de détournements de deniers publics. À cet égard, le contrôle des régies est nécessaire car elles constituent des zones particulièrement sensibles du fait des risques de malversations ou de gestions irrégulières qu'elles génèrent. Dans la jurisprudence financière, il y a beaucoup d'espèces qui concernent, notamment, des vols commis dans des régies. En tout état de cause, si une infraction pénale est commise, le représentant de l'État auprès de la collectivité locale saisit le Procureur de la République d'une plainte avec, le cas échéant, constitution de partie civile[84].

Paragraphe III. La responsabilité personnelle et pécuniaire

183- Les régisseurs de recettes et de dépenses, d'après l'article 30 alinéa 1 du décret RGCP du 24 novembre 2011, sont soumis aux mêmes règles, obligations et responsabilités que les comptables publics. Dès lors, comme le prévoit l'article 119 de la Directive UEMOA du 24 juin 2011 portant régime financier des collectivités territoriales, ils sont personnellement et pécuniairement responsables des opérations qu'ils exécutent. C'est une obligation de réparer les dommages que leur gestion cause à leurs collectivités locales. Comme les comptables publics, ils doivent refuser de donner suite aux règlements, instructions et ordres qui seraient susceptibles de mettre en jeu leur responsabilité.

Leur responsabilité personnelle et pécuniaire est engagée s'ils ont payé à tort une dépense, s'ils n'ont pas encaissé des droits qu'ils devaient percevoir ou encaissé des droits dont la perception n'est pas autorisée par la loi, s'ils n'ont pas inscrit une recette en comptabilité alors que le débiteur s'est libéré ou s'il y a un déficit ou un manquant en deniers ou en valeurs dans leur caisse. Quand la responsabilité personnelle et pécuniaire d'un régisseur est engagée à la suite d'un contrôle de sa gestion effectué par les services de l'ordonnateur, le comptable de rattachement ou un corps de contrôle, l'ordonnateur de la collectivité locale émet à son encontre un ordre de versement. La question s'est posée, à propos d'une affaire de vol, de savoir si, en l'absence d'un ordre de reversement, la responsabilité du comptable de rattachement peut être engagée pour défaut de diligence dans la

[84] F. Astier, Finances publiques, Le budget des collectivités locales, Ellipses, Paris, 1996, p 57. Sur ce point, voir aussi infra, p 131.

mise en jeu de la responsabilité du régisseur, au regard de son obligation de contrôle sur pièces et sur place de la régie. La réponse est négative car l'absence de poursuite de la part du comptable est postérieure à l'apparition du déficit. La responsabilité personnelle et pécuniaire des régisseurs peut également être mise en jeu devant la Cour des comptes à l'occasion du contrôle des comptes des comptables de rattachement dans lesquels leurs opérations sont retracées. Les procédures applicables sont alors celles de la gestion de fait ou celle des fautes de gestion.

Les comptables publics de rattachement peuvent voir leur responsabilité personnelle et pécuniaire engagée à raison d'opérations irrégulières ayant leur siège dans une régie. Dans la mesure où les régisseurs exécutent les opérations qui leur sont confiées pour leur compte, les régies ne constituent que les prolongements de leurs caisses. Toutefois, comme le précise l'article 120 de la Directive UEMOA portant régime financier des collectivités territoriales du 24 juin 2011, la responsabilité du comptable de rattachement ne peut être mise en jeu que dans la limite des contrôles qui lui incombent. On a limité la portée de cette responsabilité pour tenir compte de la réalité des relations entre les régisseurs et les comptables de rattachement. Dans la mesure où ce ne sont pas des relations de subordination, il serait illogique que la responsabilité de ces derniers soit inconditionnelle. C'est la raison pour laquelle en France, il y a un décret du 15 novembre 1966 qui, en procédant à un agencement des responsabilités des régisseurs et des comptables assignataires de leurs opérations, énumère limitativement les fautes qui sont de nature à engager la responsabilité de ces derniers, s'ils venaient à les commettre.

Ceci étant, des défaillances dans les contrôles, sur pièces et sur place, des régies que doivent exercer les comptables de rattachement peuvent être à l'origine d'un déficit de caisse, d'un paiement irrégulier ou d'une perte de recette. Si tel est le cas, ils sont personnellement débiteurs des sommes en cause. Il en est ainsi, par exemple, pour les régies de recettes, lorsqu'ils ne réclament pas immédiatement le versement des produits alors que le délai prévu par la réglementation est dépassé. Pour les régies d'avances, la responsabilité des comptables de rattachement peut être engagée s'ils ont consenti des avances au-delà du maximum autorisé ou s'ils ont accepté, sans réserve, des opérations irrégulières faites par les régisseurs. Toutefois, dans ce dernier cas, la responsabilité du comptable de rattachement n'est pas engagée si le comptable était dans l'impossibilité de déceler le caractère mensonger des pièces justificatives qui lui étaient présentées.

À l'égard des tiers, les dommages causés par les régisseurs agissant ès qualité sont imputés à leurs collectivités locales. Les indemnités allouées à cet effet sont ordonnancées sur leurs budgets. Toutefois, ces collectivités peuvent en demander le remboursement aux régisseurs lorsqu'il est établi que l'action ou l'inaction des régisseurs à l'origine de ces dommages sont de nature à engager leur responsabilité personnelle et pécuniaire.

TITRE V

LE CONTRÔLE DE L'EXÉCUTION DES BUDGETS LOCAUX

L'exécution des budgets locaux obéit aux mêmes types de contrôle que ceux prévus pour l'exécution du budget de l'État. Il y a, en effet, ce triple contrôle administratif (Chapitre I), politique, exercé par l'assemblée délibérante (Chapitre II) et juridictionnel (Chapitre III).

CHAPITRE I

LE CONTRÔLE ADMINISTRATIF

Le contrôle administratif de l'exécution des budgets locaux est constitué de contrôles « unipersonnels » (Section I) et de contrôles organiques (Section II).

Section I. Les contrôles « unipersonnels »

Les contrôles unipersonnels sont constitués par le contrôle exercé par le représentant de l'État, le contrôle mutuel entre l'ordonnateur et le comptable de la collectivité locale et les contrôles effectués par des agents relevant des ministères intéressés.

Paragraphe I. Le contrôle effectué par le représentant de l'État

184- Le représentant de l'État exerce un contrôle aussi bien en cours d'exécution qu'après exécution du budget. Le contrôle après exécution du budget s'exerce sur le compte administratif de l'ordonnateur [85]. En cours d'exécution, si le l'ordonnateur de la collectivité locale ne procède pas au mandatement d'une dépense obligatoire, l'article 264 de la loi portant CGC du 28 décembre 2013 prévoit que le représentant de l'État lui adresse une mise en demeure à cet effet. Si celle-ci reste vaine dans un délai d'un mois, le représentant de l'État y procède d'office en prenant un arrêté tenant lieu de mandat.

Si le mandatement d'office concerne une commande publique, l'article 266 de la loi précitée dispose que les intérêts moratoires doivent être mandatés en même temps que le principal si le montant

---

[85] Voir infra, p 190.

de celui-ci est supérieur à un montant fixé par décret. Si tel n'est pas le cas, le comptable assignataire de la dépense en informe l'ordonnateur et le représentant de l'État dans les dix jours suivant la date de réception de l'ordre de paiement. Ce dernier adresse à l'ordonnateur, dans un délai de quinze jours, une mise en demeure pour le mandatement des intérêts moratoires. Si le mandatement n'intervient pas dans un délai d'un mois, le représentant de l'État y procède d'office dans un délai de dix jours. Cependant, l'absence de mandatement dans ce délai d'un mois peut être due à une insuffisance de crédits disponibles, notifiée par l'ordonnateur ou constatée par le représentant de l'État lui-même. Dans ce cas, celui-ci procède d'office au mandatement des intérêts moratoires dans les quinze jours suivant la réception de la délibération du conseil inscrivant les crédits nécessaires.

Il est à noter que dans la procédure de l'inscription ou du mandatement d'office d'une dépense obligatoire, l'article 267 donne la possibilité à l'ordonnateur, ou à son représentant, à sa demande, de présenter oralement ses observations et de se faire assister d'un conseil de son choix. Cette faculté est également prévue par ce même article 267 dans le cas de la procédure d'adoption du budget et dans celui du contrôle de l'équilibre réel du budget voté, lorsque le représentant de l'État est amené à régler et à rendre exécutoire le budget.

Paragraphe II. Le contrôle mutuel entre l'ordonnateur et le comptable

I. Le contrôle du comptable par l'ordonnateur

185- En matière de dépenses, si la comptabilité des engagements est tenue par le comptable de la collectivité locale, comme le prévoit l'article 51 du décret du 4 juillet 1966 portant régime financier des collectivités locales, celui-ci a l'obligation de la mettre en permanence à la disposition de l'ordonnateur. Avec la Directive UEMOA du 24 juin 2011, la charge en incombe à ce dernier.

Le contrôle exercé par l'ordonnateur sur le comptable, en matière de recettes, revêt plusieurs aspects. Il peut s'agir, comme le prévoit l'article 19 du décret du 4 juillet 1966 précité, pour le comptable de signaler à l'ordonnateur les titres qu'il a reçus sans son intervention et les recettes qu'il a encaissées sans émission de titres. L'ordonnateur, après examen des bordereaux de ces titres et recettes établis en trois exemplaires et transmis par le comptable, les signe, en conserve un exemplaire dans sa comptabilité et retourne au comptable les deux autres, accompagnés des titres de régularisation. On peut donner l'exemple des recettes perçues par voie de régie.

De même, on peut relever que l'article 81 du décret du 4 juillet 1966 précité dispose que chaque mois, la situation des disponibilités de la collectivité locale signalant, par section du budget, les recettes et les dépenses, est établi en trois exemplaires par le comptable, dont deux sont adressés à l'ordonnateur.

186- Par ailleurs, selon les articles 25 et 26 du décret précité, pour les titres de recettes émis par l'ordonnateur, pris en charge par le comptable et non recouvrés, le comptable doit en dresser un état à la clôture de chaque exercice. Cet état des restes à recouvrer est soumis à l'ordonnateur pour visa avant d'être joint au compte de gestion du comptable et au compte administratif de l'ordonnateur. Pour obtenir l'admission en non-valeur des titres non recouvrés, le comptable adresse sa demande à l'ordonnateur. Celui-ci vérifie le bien-fondé de la demande en s'assurant que le comptable a effectué les diligences nécessaires pour obtenir le recouvrement des titres dont il sollicite l'admission en non-valeur.

II. Le contrôle de l'ordonnateur par le comptable

Le comptable exerce un contrôle sur les ordres de recettes et de dépenses émanant de l'ordonnateur. Ce contrôle s'impose à lui, au risque d'engager sa responsabilité personnelle et pécuniaire. En matière de recettes, la portée est moins importante du fait surtout du contrôle exercé par les débiteurs eux-mêmes. Qu'il s'agisse des recettes ou des dépenses, les différents aspects du contrôle sont déjà analysés dans le cadre de l'exécution des opérations des collectivités locales.

Paragraphe III. Le contrôle par des agents des ministères intéressés

187- Il s'agit, comme le prévoient les articles 85 et suivants du décret du 4 juillet 1966 précité, des agents du ministère en charge des collectivités locales et du ministère chargé des Finances. Le ministre en charge des collectivités locales exerce un contrôle de l'ordonnateur de la collectivité locale. Ce contrôle porte sur la gestion financière de ce dernier et s'effectue, sur place, par le biais d'inspecteurs.

Pour sa part, le ministre chargé des Finances exerce un contrôle du comptable de la collectivité locale qui est, de droit, un comptable du Trésor. De ce point de vue, le décret du 4 juillet 1966 prévoit, en son article 86, qu'il est soumis aux dispositions générales du décret n°62-195 du 17 mai 1962 portant réglementation sur les comptables publiques, outre ses propres dispositions. Il en résulte que le comptable de la collectivité locale est placé sous le contrôle hiérarchique du directeur général de la comptabilité publique et du Trésor. Ce contrôle hiérarchique consiste, notamment, en des vérifications inopinées des caisses et des écritures du comptable et en la vérification de son compte de gestion annuel pour sa mise en état d'examen avant sa transmission à la Cour des comptes. En outre, à la fin de chaque exercice, le ministre des Finances désigne les fonctionnaires chargés de vérifier la situation de caisse et de portefeuille du comptable.

Section II. Les contrôles organiques

188- Les contrôles organiques sont ceux exercés par des corps de contrôle. Comme l'indique l'article 174 de la Directive UEMOA portant régime financier des collectivités territoriales du 24 juin 2011, ce sont des services spécialisés de l'État qui exercent un contrôle de régularité et de performance de la gestion des collectivités et des établissements publics locaux, ainsi que des personnes morales de droit privé ayant reçu une subvention, un aval ou une caution d'une collectivité territoriale. Au Sénégal, il y a deux corps de contrôle spécialisés dont les compétences englobent la gestion financière des collectivités locales. Il s'agit du Contrôle financier et de l'Inspection générale d'État.

Paragraphe I. Le Contrôle financier

Le Contrôle financier est un organe rattaché au Secrétariat général de la Présidence de la République. Il est créé par l'Ordonnance n° 29-049 du 31 mars 1959 et son organisation est fixée par le décret n° 78-085 du 1er février 1978. À l'égard des collectivités locales et de leurs établissements publics, le Contrôleur financier est chargé de suivre leur gestion financière et de donner un avis sur les projets de contrats administratifs, en particulier les marchés. À cette fin, l'article 92 du décret du 4 juillet 1966 portant régime financier des collectivités locales prescrit au ministre en charge des collectivités locales de transmettre au Contrôleur financier la copie des budgets et des comptes administratifs et de lui communiquer tout document ou étude relatifs à la gestion financière des collectivités locales. De même, il peut se faire communiquer par le Directeur général de la comptabilité publique et du Trésor les documents et situations comptables nécessaires à ses contrôles.

Paragraphe II. L'Inspection générale d'État

L'Inspection générale d'État est un organe de contrôle rattaché à la Présidence de la République, doté du statut d'Institution supérieure de contrôle de l'ordre administratif par l'article 6 de la loi n° 2011-14 du 8 juillet 2011 qui la régit. Les inspecteurs généraux d'État sont nommés et placés sous l'autorité directe du Président de la République. L'article 4 de la loi précitée leur assigne des missions de vérification, d'audit, de contrôle et d'inspection, ainsi que des missions d'évaluation des politiques publiques et des missions particulières d'investigation et d'enquêtes. À l'égard des collectivités locales et de leurs établissements publics, les inspecteurs généraux d'État contrôlent la régularité de leur gestion administrative, financière et comptable, vérifient l'utilisation optimale de leurs ressources, de leurs biens et de leurs services et évaluent leurs projets, leurs programmes et leurs plans.

La procédure est contradictoire puisque l'inspecteur général d'État chargé d'une mission de contrôle établit un rapport provisoire contenant les réponses des chefs de service des entités contrôlées aux observations qui y sont faites, suivi d'un rapport définitif. Les rapports des missions de contrôle, destinés au Président de la République, contiennent des recommandations sous forme de propositions de directives formulées à partir des conclusions tirées des constatations.

CHAPITRE II

LE CONTRÔLE EXERCÉ PAR L'ASSEMBLÉE DÉLIBÉRANTE DE LA COLLECTIVITÉ LOCALE

Le budget de la collectivité locale est un acte d'autorisation de recettes et de dépenses accordée par l'assemblée délibérante, autorité budgétaire, à l'exécutif de la collectivité locale. À la fin de l'exercice, elle en contrôle l'exécution lors de l'examen du compte administratif que lui présente l'ordonnateur qui représente l'exécutif local. À cet effet, l'assemblée délibérante procède à l'arrêté des comptes (Section I) et à l'affectation des résultats de l'exercice (Section II)

Section I. L'arrêté des comptes de l'exercice

189- Considéré comme l'équivalent de la loi de règlement pour l'État, le compte administratif est établi par l'ordonnateur et transmis à l'assemblée délibérante au plus tard le 30 juin de l'année suivant celle de l'exercice concerné, conformément aux dispositions de l'article 177 de la loi portant CGCL du 28 décembre 2013. C'est son vote qui constitue, selon l'article 259, l'arrêté des comptes.

Dans les séances où il est débattu, l'article 149 de la loi précitée prévoit que le conseil de la collectivité locale élit son président. Il prévoit également que l'exécutif local, y compris celui qui n'est plus en fonction, peut assister aux débats, mais doit se retirer au moment du vote. Par ailleurs, ainsi que le prescrit l'article 259, l'assemblée délibérante ne peut valablement délibérer sur le compte administratif que si elle dispose du compte de gestion établi par le comptable de la collectivité locale et transmis, au plus tard, le 1er juillet de l'année suivant celle de l'exercice auquel il se rapporte. Cette condition est posée car les résultats des deux comptabilités doivent être concordants.

190- Le vote sur le compte administratif a lieu avant le 1er octobre suivant. Il doit intervenir avant le vote sur le budget primitif de l'exercice suivant si le budget a été réglé et rendu exécutoire par le représentant de l'État. Le compte administratif est adopté si une majorité de voix ne s'est pas prononcée contre. Il est transmis au représentant de l'État au plus tard quinze jours après son adoption.

191- Le représentant de l'État vérifie que le compte administratif ne fait pas apparaître, après vérification de la sincérité des inscriptions de recettes et de dépenses, un déficit supérieur ou égal à 10 % des recettes de la section de fonctionnement du budget. À cet effet, le représentant de l'État doit tenir compte des restes à réaliser, tant en dépenses qu'en recettes, pour déterminer le niveau exact du déficit. C'est l'application du principe de l'indépendance des exercices qui implique le rattachement des charges et des produits à l'exercice concerné. Pour les dépenses, les restes à réaliser, selon l'article 164 de la Directive UEMOA du 24 juin 2011, sont constitués des dépenses engagées mais qui ne sont pas mandatées au 31 décembre, et qui ont fait l'objet de service fait même si aucune facture n'est reçue à la fin de la période complémentaire. Pour les recettes, il s'agit des produits correspondant à des droits acquis mais pour lesquels aucun titre n'est émis.

Si le déficit, ainsi entendu, est supérieur ou égal à 10 % des recettes de fonctionnement, il appartient au représentant de l'État de proposer à la collectivité locale les mesures qu'il juge nécessaires au rétablissement de l'équilibre budgétaire, et devant être prises dans les deux mois suivants. Si le représentant de l'État constate que ce déficit persiste dans le budget primitif suivant, faute de mesures nécessaires prises par la collectivité locale, ce budget primitif est réglé et rendu exécutoire par le représentant de l'État.

Section II. L'affectation des résultats

192- Après avoir arrêté les comptes de la collectivité locale en votant le compte administratif, le conseil doit affecter les résultats de l'exercice. Cette affectation intervient dès la plus prochaine décision budgétaire qui suit le vote du compte administratif. Toutefois, si le vote du compte administratif intervient après le vote du budget primitif de l'exercice suivant, les résultats sont intégrés au budget supplémentaire de l'exercice suivant.

L'affectation concerne le résultat comptable qui est celui de la section de fonctionnement du budget. Il s'agit, d'après l'article 171 de la Directive UEMOA du 24 juin 2011, des résultats cumulés. Cela signifie que le résultat de clôture comprend le résultat comptable de l'exercice considéré, complété des résultats de clôture de l'exercice précédent. Pour l'affectation du résultat comptable, l'article 172 distingue deux cas de figure.

Le premier cas de figure est celui où le résultat de la section de fonctionnement est excédentaire. Le conseil de la collectivité locale doit l'affecter, en priorité, à la couverture du besoin de financement de la section d'investissement du budget. S'il est supérieur à ce besoin de financement, le conseil doit affecter le reliquat, soit en recettes de fonctionnement, soit en recettes d'investissement, pour financer de nouvelles dépenses. Dans ce premier cas prévu par l'article 172, il peut arriver, hypothèse qui n'est pas évoquée par cette disposition, que le résultat de la section de fonctionnement soit inférieur au besoin de financement de la section d'investissement. Dans ce cas, la totalité de ce résultat est affectée en investissement et le conseil devra rechercher des ressources complémentaires pour financer les dépenses d'investissement en recourant, par exemple, à l'emprunt.

Le second cas de figure est celui où le résultat de la section de fonctionnement est déficitaire. Le conseil doit alors le reporter en dépenses de fonctionnement et le besoin de financement de la section d'investissement est reporté en dépense d'investissement. Mais on peut considérer que s'il existe un « excédent de fonctionnement reporté », le déficit de l'exercice peut être imputé sur cet excédent et que le report ne joue que si cet excédent n'existe pas ou qu'il est insuffisant.

CHAPITRE III

LE CONTRÔLE JURIDICTIONNEL

Le contrôle juridictionnel de l'exécution des budgets locaux fait intervenir trois juridictions différentes. Il faut citer, en premier, la Cour des comptes puisqu'elle est la juridiction spécialisée en matière de contrôle des fonds publics (Section I). Les deux autres juridictions sont la Cour suprême (Section II) et la juridiction pénale (Section III).

Section I. Le contrôle par la Cour des comptes

193- À la différence de certains pays africains, comme le Maroc, ou européens, comme la France, où existent des juridictions financières locales exclusivement dédiées au contrôle des collectivités territoriales, le Sénégal fait l'option, depuis son accession à l'indépendance, d'une juridiction unique pour le contrôle des comptes et de la gestion de l'État, des collectivités locales et des autres collectivités publiques. Cette juridiction est incarnée aujourd'hui par la Cour des comptes, créée par la loi constitutionnelle n°99/02 du 29 janvier 1999. La Cour des comptes prend le relais, en tant que juridiction financière spécialisée, du Conseil d'État qui, lui-même, succède à la Cour suprême, l'un et l'autre exerçant leurs compétences financières par le biais d'une chambre ou d'une section. C'est ce statut de juridiction spécialisée conféré à la Cour des comptes qui amène à évoquer l'intérêt qui s'attache à son contrôle avant de traiter des différentes compétences qu'elle exerce à l'égard des collectivités locales.

Paragraphe I. L'intérêt du contrôle exercé par la Cour des comptes

194- C'est dans les obstacles ou les limites mêmes rencontrés par le contrôle administratif, en particulier celui exercé par le représentant de l'État, et le contrôle politique exercé par l'assemblée délibérante, que l'intervention de la Cour des comptes trouve son intérêt. Ces deux modes de contrôle, administratif et politique, connaissent la même limite de fait qui est liée au caractère technique des finances publiques, cette considération étant déjà analysée concernant les élus locaux[86]. S'agissant du contrôle de légalité opéré par le représentant de l'État, les difficultés peuvent être atténuées, ainsi qu'il est déjà souligné, si comme en France, le juge des comptes intervient dans la procédure budgétaire pour apporter son expertise dans l'appréciation de la légalité des actes budgétaires et financiers.

Une autre limite de fait au contrôle exercé par le représentant de l'État est liée au cumul des mandats. L'exécutif local, maire ou président de conseil départemental, surtout pour les grandes collectivités locales, est souvent une personnalité politique importante qui cumule ses fonctions avec celles de membre du gouvernement ou de parlementaire. Dans ces conditions, le contrôle du représentant de l'État peut ne pas s'exercer avec toute la rigueur requise. On peut en dire de même du contrôle exercé par l'assemblée délibérante sur l'exécutif local car c'est ce dernier qui en est en même temps le président[87].

Le contrôle exercé par la Cour des comptes offre une garantie d'indépendance par son statut constitutionnel, la qualité de magistrats octroyée à ses membres, avec l'inamovibilité dont jouissent ceux du siège, ainsi que l'autonomie budgétaire qui lui est reconnue. Par ailleurs, toutes ses procédures sont régies par le principe du

---

[86] Voir supra, p 36.

[87] Sur ce point, voir, par ex., J-L Chartier, « Les collectivités locales et la corruption » in RFFP, n° 69, Mars 2000.

contradictoire et toutes ses décisions reposent sur le principe de la collégialité. Ses compétences sont fixées par la constitution elle-même qui renvoie à une loi organique pour poser ses règles d'organisation et de fonctionnement[88]. Il s'y ajoute que, en général, les contrôles exercés les juridictions des comptes présentent une certaine crédibilité en raison de leur caractère d'organes spécialisés.

Comme les grands corps judiciaires, la Cour des comptes est divisée en chambres entre lesquelles sont réparties ses différentes fonctions. Elles sont actuellement au nombre de cinq à savoir :

- la chambre de discipline financière chargée de juger les fautes de gestion ;
- la chambre des affaires budgétaires et financières chargée de contrôler les comptes de l'État et la gestion de ses services financiers ;
- la chambre des affaires administratives, chargée de juger les comptes des établissements publics dotés d'un comptable public et de contrôler la gestion des établissements publics à caractère administratif et des services de l'État autres que les services financiers ;
- la chambre des collectivités locales chargée de juger les comptes et de contrôler la gestion des collectivités locales et des organismes publics qui leur sont rattachés ;
- la chambre des entreprises publiques.

Paragraphe II. Les différentes compétences de la Cour des comptes à l'égard des collectivités locales

La Cour des comptes exerce uniquement un contrôle *a posteriori*. Il y a trois compétences différentes que la Cour des comptes exerce à l'égard des collectivités locales. Il s'agit du jugement des comptes de

[88] Il s'agit de la loi organique n° 2012-23 du 27 décembre 2012 qui abroge et remplace la loi organique n° 99-70 du 17 février 1999.

leurs comptables, du contrôle de la gestion de leurs ordonnateurs et du jugement des fautes commises dans leur gestion financière.

I. Le jugement des comptes des comptables locaux

195- C'est un contrôle juridictionnel qui s'étend aux personnes que la Cour des comptes déclare comptables de fait. On distingue ainsi le jugement des comptes des comptables patents, ou comptables de droit, et le jugement des comptes des comptables de fait.

A. Le jugement des comptes des comptables patents

Selon l'article 251 alinéa1 de la loi portant CGCL du 28 décembre 2013, la Cour des comptes juge les comptes de l'ensemble des comptables des collectivités locales. Au sein de la Cour des comptes, le jugement des comptes des comptables des collectivités locales et des organismes qui leur sont rattachés est de la compétence de la « chambre des collectivités locales ». La procédure applicable au jugement des comptes présente plusieurs caractéristiques.

196- Elle est d'ordre public et par conséquent, tout comptable public doit, en vertu de l'article 29 de la loi organique sur la Cour des comptes du 27 décembre 2012, rendre compte de sa gestion devant la Cour des comptes. Les comptables ont l'obligation de transmettre leurs comptes de gestion à la Cour des comptes, au plus tard le 30 juin de l'année suivant celle à laquelle ils se rapportent. À l'égard de la Cour des comptes, le caractère d'ordre public de la reddition des comptes emporte l'obligation de les juger, que des irrégularités aient été ou non découvertes, la Cour rendant dans ce dernier cas, un « arrêt blanc », expression qui désigne un jugement sans charge.

197- Il y a une dérogation à la règle selon laquelle la Cour des comptes juge les comptes de l'ensemble des comptables des collectivités locales. Elle consiste à faire apurer les comptes des comptables de certaines collectivités locales par des comptables supérieurs, en l'occurrence les Trésoriers-Payeurs Régionaux (TPR). C'est pourquoi cette procédure est appelée « apurement administratif », par opposition à l'apurement juridictionnel qui est fait par la Cour des comptes. C'est un soulagement pour la Cour des comptes qui ne dispose, pour le moment, que 21 magistrats alors que les collectivités locales sont au nombre de 599. Les collectivités locales concernées sont, d'après l'article 251alinéa 2 de la loi du 28 décembre 2013 précitée, celles dont la population n'excède pas 15 000 habitants et dont le montant des recettes ordinaires figurant au dernier compte administratif est inférieur à un montant fixé par décret. Ce montant est arrêté à 150 millions de Francs CFA par l'article 1er du décret du 23 juin 2011.

198- Toutefois, dans la procédure de l'apurement administratif, la Cour des comptes n'est pas définitivement dessaisie de sa compétence. D'une part, elle jouit du droit d'évocation des comptes soumis à l'apurement administratif qui lui permet de se les faire produire pour les juger, même s'ils n'ont pas fait l'objet d'observations de la part des comptables chargés de les apurer. Par ailleurs, si le comptable supérieur chargé de l'apurement d'un compte de gestion relève des irrégularités contre le comptable, il ne peut pas le mettre en débet, cette compétence étant réservée à la Cour des comptes. Il doit, dans ce cas, transmettre le dossier à cette dernière.

La procédure est contradictoire en ce sens que les comptables locaux doivent être en mesure de discuter les faits qui leur sont reprochés et qui sont de nature à engager leur responsabilité personnelle et pécuniaire. Cette responsabilité est objective dans la mesure où la Cour des comptes, en principe, se limite à vérifier si les comptes retracent toutes les opérations effectuées par le comptable durant l'exercice considéré et à contrôler leur régularité, en dehors de toute appréciation du comportement du comptable. La contradiction est assurée par application de la règle du double arrêt puisqu'il y a un arrêt provisoire qui est notifié au comptable et auquel il contredit et un arrêt définitif par lequel la Cour des comptes rend le comptable débiteur envers la collectivité locale s'il ne lui apporte pas les justifications jugées satisfaisantes aux irrégularités reprochées. Dans ce cas, le comptable a l'obligation de reverser, de ses deniers propres, dans la caisse de la collectivité locale, le montant équivalent au préjudice qu'il a causé à cette dernière.

199- La procédure est écrite puisqu'à partir de l'instruction initiale et de l'arrêt provisoire auquel elle donne lieu, tout devient « affaire de papier ». Il n'y a plus que des correspondances écrites entre le magistrat chargé de l'instruction du compte et le comptable intéressé. A l'audience de jugement, celui-ci n'a pas, davantage, la possibilité de se présenter pour faire des observations complémentaires à ses réponses écrites. La seule faculté offerte au comptable est prévue au cas où, au cours de la procédure, la Cour entend lui infliger une amende pour retard, soit dans la production de ses comptes, soit dans les réponses aux injonctions. Dans ce cas, le comptable peut se faire assister par un conseil de son choix, sans pour autant que cette assistance puisse valoir représentation.

200- Si au terme de la procédure, le comptable est constitué débiteur à l'égard de la collectivité locale, il peut contester l'arrêt de débet en usant de l'une des voies de recours qui sont prévues, à savoir la révision, qui peut être à l'initiative du comptable ou opérée d'office par la Cour, et la rectification pour erreurs matérielles, à exercer devant la Cour des comptes, d'une part, et le recours en cassation devant la Cour suprême qui est ouvert au comptable et à l'ordonnateur, d'autre part.

B. Le jugement des comptes des comptables de fait

201- Le jugement des comptabilités de fait, à l'instar de celui des comptabilités patentes, est régi par le principe du contradictoire puisqu'elle repose sur la règle du double arrêt. La Cour des comptes rend un arrêt provisoire suivi d'un arrêt définitif de déclaration de gestion de fait si le présumé comptable de fait n'apporte pas d'explications jugées satisfaisantes par la Cour des comptes. La personne déclarée définitivement comptable de fait est assimilée à un comptable public, avec les mêmes obligations et responsabilités.

202- Si l'examen du compte qu'il produit à la Cour des comptes, retraçant les opérations qu'il a effectuées avec les deniers irrégulièrement extraits de la caisse du comptable de la collectivité locale, laisse apparaître un excédent des recettes à retenir sur les dépenses allouées, cet excédent représente le débet dont il doit reverser le montant correspondant dans la caisse du comptable public avec, éventuellement, l'amende que la Cour lui aura infligée. Des sanctions disciplinaires pouvant entraîner une inéligibilité peuvent être prononcées à l'encontre des agents déclarés comptables de fait, dans les mêmes conditions que pour les personnes condamnées pour fautes de gestion par la Cour des comptes[89].

II. Le contrôle de la gestion des ordonnateurs locaux

203- L'apparition du contrôle de la gestion est motivée par la nécessité de contrôler la régularité des opérations financières des ordonnateurs sur lesquels le juge des comptes n'avait pas juridiction, sauf lorsqu'ils étaient déclarés comptables de fait. Or, ce sont eux qui disposent du pouvoir de décision en matière financière.

204- C'est un contrôle non juridictionnel, dénommé « contrôle budgétaire » dans les dispositions de l'article 252 de la loi portant CGCL du 28 décembre 2013. Il repose néanmoins sur le principe du contradictoire puisque dans cette procédure la Cour rend un rapport provisoire adressé à l'ordonnateur local suivi d'un rapport définitif adopté au vu des réponses aux observations contenues dans le rapport provisoire. La contradiction est renforcée par rapport à la procédure de contrôle de la gestion des services de l'État dans la mesure où l'article 252 prévoit une audition entre le magistrat rapporteur et l'ordonnateur local, aussi bien avant la formulation des observations provisoires que

[89] Voir infra, p 202.

celle des observations définitives. L'article 252 prescrit également la communication par l'ordonnateur local des observations définitives de la Cour à l'assemblée délibérante de la collectivité locale et au représentant de l'État.

205- Le contrôle de la gestion de l'ordonnateur revêt plusieurs aspects. C'est un contrôle de régularité de la gestion qui consiste à apprécier la conformité des actes de gestion aux lois et règlements. C'est aussi un contrôle de la qualité de la gestion qui est un contrôle, non de « l'emploi régulier », mais « du bon emploi des crédits ». C'est également un contrôle de la sincérité des recettes et des dépenses décrites dans la comptabilité de l'ordonnateur ainsi que de leur matérialité, c'est-à-dire de leur réalité.

À ces types de contrôles traditionnels, la Directive UEMOA du 26 juin 2011, en son article174, ajoute le contrôle de performance. Elle prévoit aussi que le contrôle de la gestion des collectivités locales s'étend à leurs établissements publics ainsi qu'aux organismes privés ayant reçu une subvention, un aval ou une caution d'une collectivité locale.

206- La finalité du contrôle de la gestion n'est pas de sanctionner, même s'il peut donner lieu à la mise en route d'une procédure de gestion de fait ou d'une procédure de faute de gestion devant la Cour des comptes. Sa finalité, selon l'article 43 de la loi organique sur la Cour des comptes du 27 décembre2012, est de formuler des observations et des recommandations destinées aux ordonnateurs des collectivités locales et, par leur biais, à leurs assemblées délibérantes, pour améliorer les méthodes de gestion des collectivités locales ainsi que leur efficacité et leur rendement.

C'est dire que même si les observations de la Cour jettent la lumière sur des irrégularités, cela ne doit pas la conduire s'ingérer dans la gestion de la collectivité locale ou de l'organisme contrôlé. Il appartient aux autorités locales elles-mêmes, c'est-à-dire à l'exécutif local et aux assemblées délibérantes, ainsi qu'aux représentants de l'État d'en tirer les conséquences, et aux électeurs de se prononcer, en dernière instance, sur les choix politiques des assemblées locales.

III. Le jugement des fautes de gestion

207- La faute de gestion est une catégorie juridique qui relève du domaine de la répression. Il s'agit pour la Cour des comptes, en chambre de discipline financière, de punir des faits qualifiés tels par l'article 57 de la loi organique sur la Cour des comptes du 27 décembre 2017 auquel renvoie l'article 61 de la loi portant CGCL du 28 décembre 2013.

208- Les élus locaux sont justiciables de la Chambre de discipline financière car ils sont investis d'un mandat public au sens de l'article 56 de la loi organique précitée. Parmi les personnes investies d'un tel mandat, seuls les membres du Gouvernement et les présidents des institutions constitutionnelles échappent à la compétence de la Chambre de discipline financière. Outre les élus locaux, les fonctionnaires et agents des collectivités locales sont également justiciables de la chambre de discipline financière, ainsi que les représentants de l'État en tant qu'autorité exerçant la tutelle sur les actes financiers de ces collectivités.

Sont punissables, au regard de l'article 80, toute violation des règles d'exécution des recettes et des dépenses des collectivités locales, des règles régissant la gestion de leurs biens, tout fait ayant entraîné leur condamnation en raison de l'inapplication d'une décision de justice, le fait d'avoir omis sciemment de souscrire des déclarations fiscales et le fait d'avoir donné son approbation à une décision violant les règles d'exécution des recettes et des dépenses.

209- À titre de sanction, l'article 59 de la loi organique sur la Cour des comptes prévoit une amende dont le minimum est fixé à 100 000 francs CFA et le maximum au double du traitement ou salaire brut annuel de la personne à la date de la commission des faits, à défaut ce maximum appliqué à l'échelon le plus élevé de la grille indiciaire de la fonction publique lorsque l'intéressé ne perçoit pas une rémunération ayant le caractère d'un traitement ou salaire. Les arrêts de la Chambre de discipline financière ne sont pas susceptibles d'appel. Les voies de recours qui sont prévus sont la révision, la rectification pour erreur matérielle, devant la Cour elle-même, et la cassation devant la Cour suprême ouverte au « prévenu » et au Procureur général près la Cour des comptes.

La loi portant CGCL du 28 décembre 2013 prévoit la possibilité d'application d'autres sanctions. Ces sanctions résultent des dispositions combinées des articles 59 et 61 et concernent les élus locaux, tant départementaux que municipaux. Leur condamnation pour fautes de gestion par la Cour des comptes peut donner lieu à leur suspension par arrêté du ministre en charge des collectivités locales et à leur révocation par décret, ces deux actes devant être motivés. Une révocation entraîne, de plein droit, une inéligibilité pour une période de dix ans pour les élus départementaux et, selon l'article 135, une inéligibilité jusqu'à la fin du mandat, pour les élus municipaux, à moins qu'il ne soit procédé, auparavant au renouvellement général.

Section II. Le contrôle par la Cour suprême

La Cour suprême intervient dans le contrôle des actes des collectivités locales à un double titre : comme juge du fond et comme juge de cassation.

Paragraphe I. L'intervention de la Cour suprême comme juge du fond

210- Les délibérations budgétaires des collectivités locales sont des actes administratifs qui, en tant que tels, peuvent être déférés devant le juge administratif pour excès de pouvoir, conformément aux dispositions de l'article 249 de la loi portant CGCL du 28 décembre

2013. C'est la Cour suprême, en chambre administrative, qui est compétente pour juger, en premier et dernier ressort, de la légalité des actes des collectivités locales, conformément aux dispositions de l'article 1er alinéa 1 de la loi organique du 8 août 2008 sur la Cour suprême.

211- Ainsi en est-il du refus d'approbation du budget voté par le représentant de l'État qui l'amène à le régler et à le rendre exécutoire. L'exécutif local peut déférer ce refus d'approbation du budget pour excès de pouvoir à la Cour suprême et son annulation équivaut, d'après l'article 249, à une approbation dès la notification de l'arrêt à la collectivité locale. Cette solution vaut, non seulement pour le budget primitif, mais aussi pour les décisions modificatives et le budget supplémentaire. De même, un acte budgétaire approuvé et devenu de ce fait exécutoire, peut faire l'objet d'un recours pour excès de pouvoir fondé sur l'absence d'équilibre ou la non-inscription d'une dépense obligatoire ou son inscription pour une somme insuffisante.

212- Initialement réservé aux élus locaux membres de l'assemblée délibérante, ce recours est maintenant ouvert aux personnes physiques ou morales lésées par un acte budgétaire, conformément aux dispositions de l'article 250 de la loi précitée. La personne physique ou morale qui intente le recours doit justifier d'un intérêt à agir qui réside dans sa qualité de contribuable de la collectivité locale. On s'est demandé si la simple qualité d'habitant peut conférer un intérêt à agir. Une réponse positive pourrait s'appuyer sur les dispositions de l'article 6 de la loi portant CGCL du 28 décembre 2013 qui ouvre la faculté à « tout habitant ou contribuable » de se faire communiquer, notamment, copie des budgets et des comptes de collectivité locale.

213- L'arrêté des comptes d'une collectivité locale qui est constitué par le vote de l'assemblée délibérante sur le compte administratif constitue également un acte administratif qui, comme tel, est susceptible d'être déféré à la Cour suprême par la voie du recours pour excès de pouvoir. Ce recours peut aussi être intenté par les personnes justifiant d'un intérêt à agir. Le contrôle du juge administratif porte sur le contenu du compte administratif qui doit retracer toutes les opérations de l'exercice clos. Toutefois, la délibération par laquelle est adopté le compte administratif ne reprend pas forcément l'ensemble de ces opérations[90]. Ce contrôle porte également sur le déficit présenté par le compte administratif, qui doit être inférieur à 10 % des recettes de la section de fonctionnement, conformément aux dispositions de l'article 260 de la loi portant CGCL du 28 décembre 2013.

Paragraphe II. L'intervention de la Cour suprême comme juge de cassation

214- La Cour des comptes est certes une Haute juridiction financière, mais elle n'est pas souveraine. Ses arrêts peuvent faire l'objet d'un recours en cassation porté devant la Cour suprême, ce qui fait d'elle une juridiction administrative spécialisée. C'est dans ses activités juridictionnelles que la Cour des comptes est soumise au contrôle de la Cour suprême. C'est dire que le recours en cassation concerne les arrêts rendus sur les comptes des comptables des collectivités locales et ceux rendus en matière de fautes de gestion.

Sur le recours en cassation des arrêts rendus par la Haute juridiction financière sur les comptes des comptables publics, il y a lieu de préciser qu'il ne concerne pas les arrêts provisoires qui, de ce fait, peuvent être considérés comme des actes préparatoires. Le recours en cassation prévu, pour les seuls arrêts définitifs, est ouvert, concernant les collectivités locales et selon l'article 39 alinéa 1 de la loi organique sur la Cour des comptes du 27 décembre 2012, au comptable, au ministre chargé des Finances, aux ministres concernés, au Procureur général près la Cour des comptes et à l'ordonnateur.

---

[90] Sur ce point, voir Conseil d'Etat français, 31 juillet 1992, Commune de Saint-Louis de la Réunion c/Payot, cité par F. Lafargue, « Sur l'exigence de transparence dans la présentation du compte administratif, RFD adm. 14 (5) sept.-oct. 1998, p 1048.

Il y a lieu de préciser que par « comptable », il faut viser le comptable patent constitué débiteur ou condamné à l'amende, le comptable patent opposé à la décharge de son prédécesseur, le comptable de fait constitué débiteur ou condamné à l'amende. Il faudrait, logiquement, y ajouter le représentant de l'Etat en sa qualité de garant du respect des lois que lui confère l'article 270 alinéa 2 de la loi portant CGCL du 28 décembre 2013.

S'agissant du recours en cassation contre les arrêts rendus par la Cour des comptes en matière de fautes de gestion, il est ouvert, d'après l'article 76 alinéa 1 de la loi organique précitée, aux personnes condamnées. En cas de cassation d'un arrêt rendu par la Cour des comptes, les articles 39 alinéa 3 et 76 alinéa 2 prévoient que l'affaire est renvoyée devant les chambres réunies de la Cour des comptes.

Section III. Le contrôle par la juridiction pénale

I. Les infractions et leurs sanctions

215- La gestion financière des collectivités locales peut donner lieu à la commission d'infractions à caractère pénal. L'article 61 de la loi portant CGCL du 28 décembre 2013 vise l'utilisation de deniers publics à des fins personnelles ou privées, les faux en écriture publique authentique visés au Code pénal, la concussion ou la corruption.

216- L'utilisation de deniers publics à des fins personnelles ou privées entre dans la catégorie de l'infraction visée à l'article152 du Code pénal, à savoir le fait de détourner ou de soustraire ou de tenter de détourner ou de soustraire des deniers ou effets en tenant lieu. Le détournement de deniers publics est sanctionné d'une peine d'emprisonnement de cinq à dix ans.

217- Le faux en écriture publique authentique, comme les fausses factures, est puni, d'après l'article 133 du Code pénal, d'une peine d'emprisonnement de deux ans au moins à dix ans au plus.

218- La corruption est visée à l'article 159 du Code pénal. Elle peut être active ou passive en ce sens qu'elle consiste à solliciter ou accepter l'octroi de faveurs ou d'avantages pour faire ou s'abstenir de faire un acte. Cette décision « achetée » [91] est punie d'une peine d'emprisonnement de deux à dix ans et d'une amende dont le maximum est fixé au double de la valeur des promesses agréées ou des choses reçues ou demandées et le minimum à 150 000 francs. La corruption est un délit très proche du trafic d'influence qui consiste pour un décideur public à solliciter ou accepter des promesses, dons, présents ou avantages, en échange d'un avantage à faire obtenir de l'autorité publique[92].

219- La concussion est le fait, d'après l'article 156 du Code pénal, de recevoir, exiger ou ordonner de percevoir le produit d'une contribution publique « que l'on sait » ne pas être dû ou d'excéder ce qui était dû. Elle est punie d'une peine d'emprisonnement d'un an à cinq ans, assortie obligatoirement d'une amende de 250 000 francs.

220- Plusieurs facteurs peuvent favoriser, au sein des collectivités locales, la commission de délits comme la corruption ou le détournement de deniers publics. On pointe souvent la modicité des indemnités auxquelles les élus locaux ont droit, ce qui est de nature à les pousser à utiliser des deniers de la collectivité locale à des fins personnelles ou privées. L'utilisation à des fins personnelles des moyens matériels de la collectivité locale, comme les véhicules de fonction ou les bons d'essence, sont d'ailleurs devenus des faits banals. Le financement d'activités politiques, notamment par le biais

---

[91] B. Chevauchez, « Corruption et gestion publique » in RFFP, n° 69, Mars 2000, p 86.

[92] B-A Pireyre, « Corruption et trafic d'influence : l'approche du droit pénal » in RFFP, n° 69, Mars 2000, p 33.

de « caisse noire », constitue une autre cause de ces délits, aggravée par l'absence de réglementation du financement des partis politiques. On peut citer également l'absence ou l'inefficacité des dispositifs de contrôle interne.

221- Outre les infractions visées au Code pénal, la loi portant CGCL du 28 décembre 2013 cite elle-même, en ses articles 30 alinéa 2 et 88 alinéa 2, des agissements d'élus locaux pouvant faire l'objet de poursuites pénales. C'est lorsque le conseil local, délibérant sur un objet étranger à ses compétences, prend des actes qui menacent l'intégrité territoriale et l'unité nationale ou noue des contacts avec d'autres conseils locaux en dehors des cas prévus par la loi. Les poursuites pénales sont dirigées contre les membres du conseil qui participent à une telle réunion.

II. Le déclenchement de la procédure et les conséquences des condamnations

222- En cas de délits commis dans la gestion d'une collectivité locale, les articles 30 alinéa 2 et 88 alinéa 2 de la loi portant CGCL du 28 décembre 2013 prévoient que le représentant de l'État en saisit le procureur de la République territorialement compétent. Ainsi qu'il est déjà rappelé, le représentant de l'État tient cette compétence de l'article 270 alinéa 2 qui lui prescrit de veiller à la sauvegarde des intérêts nationaux, au respect des lois et de l'ordre public. La saisine du procureur de la République se fait par arrêté motivé. Le représentant de l'État peut, comme l'indique l'article 173 de la Directive UEMOA du 24 juin 2011, être saisi de « faits répréhensibles » par tout conseiller qui les aura constatés lors d'une délibération budgétaire. La collectivité locale concernée peut se constituer partie civile dans la procédure correctionnelle en réclamant une indemnisation.

223- La Cour des comptes peut aussi être à l'origine de la procédure pénale car, à l'occasion d'un contrôle des comptes ou de la gestion d'une collectivité locale, les magistrats instructeurs peuvent découvrir des faits susceptibles de sanctions pénales. Dans ce cas, la loi organique sur la Cour des comptes du 27 décembre 2012 prévoit, en son article 41, pour les faits commis par un comptable public, et en son article 79 pour les auteurs de fautes de gestion qui peuvent être aussi bien le comptable que l'ordonnateur, que le Premier président en saisit le Garde des Sceaux, ministre de la Justice.

Une personne peut être ainsi poursuivie pour les mêmes faits, devant la Cour des comptes et devant la juridiction pénale. Les détournements de deniers publics, par exemple, constituent une extraction irrégulière de fonds de la caisse d'un comptable public et, comme telle, peuvent faire l'objet d'une procédure de gestion de fait devant la Cour des comptes. L'exercice de ces compétences concurrentes n'est pas une violation de la règle *non bis in idem*. La raison tient à l'indépendance des deux procédures et à la compétence d'ordre public de la Cour des comptes. La seule limite à l'exercice de la compétence de la Cour des comptes est qu'elle ne peut pas, dans le cas où elle prononce un débet contre le comptable de fait, le condamner en plus à l'amende.

En cas de condamnation au pénal d'un élu local, il est révoqué et rendu inéligible dans les mêmes conditions qu'un élu local condamné pour faute de gestion par la Cour des comptes. Cette assimilation pourrait s'expliquer par le fait que dans les deux cas, il s'agit de sanctions répressives.

CONCLUSION GÉNÉRALE

La dimension financière est toujours le parent pauvre dans le processus de la décentralisation au Sénégal. En ne remontant qu'aux lois de décentralisation de 1996, on peut rappeler que le fait marquant de cet Acte II de la décentralisation fut l'érection des régions, jusque-là circonscriptions administratives, en collectivités locales. Mais jusqu'à leur disparition intervenue à la faveur de la loi du 28 décembre 2013 instituant l'Acte III de la décentralisation, elles ne seront jamais dotées de fiscalité propre. De même, dans ce nouveau cycle décentralisateur, l'option des pouvoirs publics dans la construction du modèle, est de se pencher d'abord sur les aspects institutionnels et renvoyer ceux relatifs aux finances locales dans une seconde phase dont le démarrage est toujours attendu, en particulier par les départements nouvellement dotés du statut de collectivités locales, mais sans fiscalité propre, comme ce fut le cas pour les anciennes régions.

L'essor des finances locales, condition d'une véritable décentralisation, suppose une volonté politique franche pour opérer, au-delà des pétitions de principe sur les vertus de la décentralisation, les réformes nécessaires. À cet égard, il est primordial de sécuriser les bases juridiques des finances locales par des garanties constitutionnelles sans lesquelles l'autonomie financière des collectivités locales ne sera jamais à l'abri d'une fragilisation de la part du législateur, dans sa mise en œuvre intrinsèque ou à l'occasion des initiatives prises par l'État quand il déroule ses politiques publiques, comme c'est le cas avec les exonérations fiscales accordées au détriment des collectivités locales. Il est donc absolument nécessaire d'instituer un système de compensation des pertes de recettes fiscales résultant des décisions de l'État.

Il est aussi important de revoir le système de financement des budgets des collectivités locales en privilégiant le financement par la fiscalité, le seul à même de les doter de ressources sûres et pérennes. Pour cela, il y a une solution qui existe déjà et qu'il suffit d'appliquer, à savoir celle prévue par la Directive UEMOA du 24 juin 2011 qui donne aux collectivités locales le pouvoir de voter les taux de toutes les impositions locales. Il conviendrait également de faire évoluer les principales dotations de l'État avec des règles d'indexation à définir, et de les répartir sur la base d'un système de péréquation reposant sur des critères objectifs. Les règles seraient définies par la loi dans un processus qui associe les élus locaux.

Toutefois, le succès de telles réformes qui renforceraient les libertés financières et fiscales des collectivités locales suppose des hommes capables de les porter, en termes de responsabilités, de savoirs et de compétences. On voit ainsi toute l'importance qui s'attache aux problèmes de recrutement des personnels et de formation des élus locaux. Pour toutes ces raisons, le chemin à parcourir pour une véritable décentralisation est encore long.

BIBLIOGRAPHIE INDICATIVE

NB : Cette bibliographie ne contient que des éléments spéciaux.

TEXTES DE BASE

Directive n° 01/2011/CM/UEMOA portant régime financier des collectivités territoriales au sein de l'UEMOA du 24 juin 2011.

Loi n° 2013-10 du 28 décembre 2013 portant Code général des Collectivités locales, modifiée.

Loi n° 2012-31 du 31 décembre 2012 portant Code général des impôts, modifiée.

Loi n° 2011-08 du 30 mars 2011 relative au statut général des fonctionnaires des collectivités locales.

Loi organique n° 2012623 du 27 décembre 2012 sur la Cour des comptes.

Décret n° 2011-872 du 23 juin 2011 portant apurement administratif des comptes de gestion de certaines collectivités locales.

Décret n° 66-510 du 4 juillet 1966 portant régime financier des collectivités locales.

Décret n° 91-1230 du 14 novembre 1991 portant réforme des plans comptables de l'État et des collectivités locales.

AUTRES TEXTES

Arrêté interministériel n° 16698 du 12 novembre 2014 modifiant l'arrêté interministériel n° 10830 du 1er décembre 1993 fixant la nomenclature du budget des collectivités locales.

Instruction n° 02 MEF/DGCPT/DCP/DCL du 16 avril 2013 relative à l'exécution financière et comptable des avances consenties par l'État aux collectivités locales.

Instruction n° 004 DGCPT/DCP du 2 août 2006 relative à la comptabilisation des avances de trésorerie consenties aux collectivités locales.

Instruction n° 00160 du 21 février 1997 du ministère de l'Intérieur sur l'approbation des budgets des collectivités locales.

Instruction n° 2/TG/86 du 28 novembre 1986 sur l'exécution des mouvements financiers en matière de collectivités locales.

OUVRAGES

Adams. B et autres, La comptabilité communale, LGDJ, Paris, 2001.

Albert Jean-Luc et Péreau Jean-Louis, L'exécution des budgets locaux, Economica, Paris, 1997, 112 p.

Association des Maires de France et Ministère de l'Economie et des Finances, Le maire et la mise en œuvre de la nouvelle comptabilité M14, Paris, 1996, 48 p.

Astier Françoise, Finances publiques - Droit budgétaire - Le budget des collectivités locales, Ellipses, Paris, 1996, 151 p.

Bouvier Michel, Les finances locales, 15e édition, LGDJ, Paris, 2013, 320 p.

Douat Etienne et Guengant Alain, Leçons de finances locales, Economica, Paris, 251 p.

Dosière René et Wolf Marc, La commune, son budget, ses comptes, Les Editions Ouvrières, Paris, 1988, 328 p.

Ministère de l'Intérieur, Direction Générale des Collectivités Locales, La comptabilité M 14 des communes, Service des publications, de l'information et de la documentation, Paris, 1998, 34 p.

Ministère du Budget, des Comptes publics et de la Fonction publique, Direction générale des Finances publiques, Memento financier et fiscal du Maire, Paris, 2008, 67 p.

Mouzet Pierre, Finances locales, Gualino, Paris, 2000, 228 p.

Muzelec Raymond, Finances locales, Dalloz, Paris, 2011, 254 p.

Roustan Philippe, La réforme comptable M14, La lettre du cadre territorial, Paris, Septembre 1994,81 p.

ARTICLES

Bichot Emmanuel et Galzy Laurent, « Les collectivités locales et le redressement des finances publiques - Perspectives à moyen terme » in RFFP, 1996 (53), pp 45-54.

Bouvier Michel, « Autonomie fiscale et libre administration des collectivités locales » in RFFPn° 81-Mars 2003, pp 27-41.

Chartier Jean-Louis, Les collectivités locales et la corruption » in RFFP n° 69-Mars 2000.

Chevauchez Benoît, « Corruption et gestion publique » in RFFP n° 69, p 80.

Copé Jean-François, « Les relations de trésorerie entre l'Etat et les collectivités locales : quelles réformes ? » in RFFP 1990 (30), p 7.

Damarey Stéphanie, « Illégalité d'un budget adopté en déséquilibre » in RFDA, juillet-août 2002, p 807.

De Saint-Sernin Dominique, « Intercommunalité et opérations comptables spécifiques » in La Revue du Trésor, n° 5 - Mai 2003, p 267.

Faure Bertrand, « Existe-t-il un « pouvoir local » en droit constitutionnel français ? » in RDP 1996, 2, p 1539.

Galland Jean-Marc, « L'autonomie financière des collectivités locales : l'arlésienne du XXIe siècle ? » in RFFP n° 81-Mars 2003, p73.

Hertzog Robert, « La loi organique relative à l'autonomie financière des collectivités territoriales : précisions et complications » in AJDA 2004, p 2003.

Hertzog Robert, « L'ambiguë constitutionnalisation des finances locales » in AJDA 2003, p 548.

Hertzog Robert, « À propos de la péréquation dans les finances locales » in RFFP, n° 34, p 57.

Kloffer Michel, « Gestion des engagements et autorisations de paiement-crédits de paiement (AP-CP) des collectivités locales » in La Revue du Trésor n°8-9- Août-Septembre 1999, p520.

Lascombe Michel et Vandendriessche Xavier, « L'autonomie financière des collectivités territoriales encore en chantier », in RFDA 2005, p 417.

Lafargue Frédéric, « Sur l'exigence de transparence dans la présentation du compte administratif » in RFDA 14 (5) sept.-oct. 1998, p 1048.

Mondou Christophe, « L'autonomie financière des collectivités territoriales ou une réforme en « trompe-l'œil » » in RFDA 2005, p 419.

Pissaloux Jean-Luc, « L'autonomie financière des collectivités locales : clarification et renforcement » in La Revue du Trésor n° 11-novembre 2004, p 674.

Saidj Luc, « Le cadre juridique de l'unité de trésorerie entre l'État et les collectivités locales : résumé de l'état actuel du droit interne » in RFFP 1990 (30), p 29.

Sestier Jean-François, « L'examen de la gestion des collectivités locales : un contrôle nécessaire ? un contrôle accepté ? Le point de vue de l'avocat » in RFFP n° 85-Février 2004, p 67.

Viviano Michel, « Le principe de l'unité de trésorerie des collectivités locales devant le juge des comptes » in La Revue du Trésor, n° 5 - Mai 2001, p 265.

Weber Alain, « Les collectivités locales et le recours au crédit » in RFFP 1989 (25), pp 13-22.

ÉTUDES

« Le financement des communes du Sénégal par l'emprunt : contraintes et perspectives », Ministère de l'Économie et des Finances- Direction de l'appui au secteur privé - Dossier thématique n° 3, Février 2011.

« Sénégal : Décentralisation fiscale et finances des collectivités locales en relation avec les fournitures d'infrastructures et de services », Association Nationale des Autorités Locales du Danemark, Agence des États-Unis pour le Développement International (USAID), CABEX et Banque Mondiale, Mars 1997.

AUTRES DOCUMENTS

Ministère de l'Économie et des Finances, Direction générale de la Comptabilité publique et du Trésor, Programme de formation des magistrats de la Cour des comptes du Sénégal, Module : comptabilité des collectivités locales, Dakar, juin 2005, 25 p.

Cour des comptes, Journées d'étude sur la problématique de la reddition des comptes des collectivités locales, Saly Portudal, juillet 2007, 116 p.

INDEX ALPHABÉTIQUE

N.B. : Les nombres renvoient aux numéros et non aux pages

A

B

C

D

E

F

G

H

I

O

P

Q

R

S

T

U

TABLE DES MATIÈRES

Le Sénégal aux éditions L'Harmattan

Dernières parutions

LA MULTIFONCTIONNALITÉ DE L'AGRICULTURE « PÉRI-URBAINE » AU SÉNÉGAL
Intégrer les déchets organiques dans le systèmes productif maraîcher
Tounkara Sidy - Préface du Dr Papa Abdoulaye Seck
Comment «intensifier écologiquement l'agriculture» en ville ? L'intensification écologique de l'agriculture répond à un double impératif : satisfaire les besoins alimentaires d'une population mondiale croissante et revoir les modes de production agricoles afin de protéger l'environnement. Intégrer les déchets organiques dans le système productif maraîcher à Dakar pour restaurer la fertilité des sols s'inscrit dans une dynamique d'écologisation.
(Coll. Études africaines, 33.00 euros, 318 p.)
ISBN : 978-2-343-13660-8, ISBN EBOOK : 978-2-14-005345-0

PERCEPTIONS ET RÉACTIONS DES ENSEIGNANTS FACE À L'INNOVATION
Cas des établissements élémentaires et secondaires de Dakar
Gaye Ibrahima Diop
Cet ouvrage rend compte des résultats d'une étude effectuée sur les attitudes des enseignants vis-à-vis de l'innovation avec une enquête qui a concerné une trentaine d'établissements de Dakar, de niveau, de statut ainsi que de confession différents, et répartis dans la ville et la banlieue de Dakar.
(Harmattan Sénégal, 21.50 euros, 212 p.)
ISBN : 978-2-343-13611-0, ISBN EBOOK : 978-2-14-005392-4

LA FORMATION CONTINUE PAR LES SÉMINAIRES
Une excellente opportunité menacée par la «per diemite»
Diallo Issakha - Préface de Mame Thierno Aby Sy
Parmi les moyens d'acquisition ou de mise à jour de connaissances, le séminaire, longtemps considéré comme un outil de «team building» incontournable, suscite aujourd'hui des interrogations quant à son utilité et son efficacité. L'auteur décrit les divers contours de ces séminaires / ateliers dans le domaine de la santé publique. Il passe en revue son histoire de la période coloniale à nos jours, ses avantages, ses limites et les effets pervers induits par l'abus ou la déviation d'objectif.
(Harmattan Sénégal, 16.50 euros, 160 p.)
ISBN : 978-2-343-13651-6, ISBN EBOOK : 978-2-14-005402-0

COIN SI DENSE
Niang Thierno Souleymane Diop
Cet ouvrage s'inscrit dans une dynamique de rencontres de genres, d'émotions. Il est entrecoupé de plusieurs étapes qui reflètent les différentes réflexions de l'auteur, ses contributions ou encore ses aspirations pour sa communauté, son pays mais surtout son engagement pour sa génération et son continent. C'est aussi un voyage philosophique qui dans son paroxysme est poésie.
(Harmattan Sénégal, 11.50 euros, 82 p.)
ISBN : 978-2-343-13595-3, ISBN EBOOK : 978-2-14-005259-0

LE SÉNÉGAL, SOUS SENGHOR ET DIOUF, UNE DÉMOCRATIE BUISSONNIÈRE ?

Une critique du pluralisme des partis politiques

Tine Antoine

Cet ouvrage se veut une critique de l'imaginaire de la pluralisation politique au Sénégal. Il vise à analyser la réalité vécue de la notion de démocratie pluraliste, telle que les partis politiques la manifestent dans le processus de démocratisation au Sénégal. L'auteur tente de préciser deux thèmes : la pratique du pluralisme des partis politiques et la théorie des «transitions démocratiques».

(Harmattan Sénégal, 29.00 euros, 286 p.)

ISBN : 978-2-343-12897-9, ISBN EBOOK : 978-2-14-005198-2

LES SPORTS NAVÉTANES AU SÉNÉGAL

Mbaye Alioune Diakhaté

L'auteur tente de mettre à jour les éléments qui permettent de comprendre le phénomène original et massif des sports navétanes au Sénégal (lié aux migrants saisonniers). Il s'interroge sur les logiques contradictoires de l'affirmation de l'identité culturelle et d'une certaine ouverture au monde qui semblent structurer le modèle de construction des pratiques navétanes. Les navétanes à travers les associations sportives et culturelles évoluent dans un espace culturel bien plus large que le monde du sport et en particulier du football.

Harmattan Sénégal, 21.00 euros, 228 p.)

ISBN : 978-2-343-13317-1, ISBN EBOOK : 978-2-14-005197-5

HISTOIRE ET POLITIQUE DANS LA VALLÉE DU FLEUVE SÉNÉGAL : MAURITANIE

Hiérarchies, échanges, colonisation et violences politiques, VIIIe-XXIe siècle

Sous la direction de Mariella Villasante Cervello et Raymond Taylor

Avec la collaboration de Christophe de Beauvais

Il s'agit de procéder à un double exercice, d'une part, reconstruire l'histoire ancienne du fleuve depuis la période du takrur (VIIIe-XIe siècle) et, d'autre part, contribuer à la construction de l'histoire régionale de la vallée du fleuve Sénégal mauritanienne jusqu'à la période contemporaine, tout en établissant quelques liens avec le Sénégal. Ce livre est ainsi une contribution à l'inclusion de l'histoire du fleuve dans l'histoire de la Mauritanie, trop influencée par la vision qui prétend que l'histoire mauritanienne se résume à la seule histoire des Bidân.

(Coll. Inter-National, 49.00 euros, 642 p.)

ISBN : 978-2-343-12135-2, ISBN EBOOK : 978-2-14-005174-6

MÉLANGES EN L'HONNEUR DE BABACAR KANTÉ

Actualités du droit public et de la science politique en Afrique

Sous la direction de Sall Alioune, Fall Ismaïla Madior

Ces *Mélanges en l'honneur du doyen Babacar Kanté* constituent une pérégrination sur les sentiers du droit public et de la science politique, sans oublier son rôle pour la préparation au concours d'agrégation du CAMES (ouvrage relié cartonné).

(Harmattan Sénégal, 60.00 euros, 968 p., Cartonné)

ISBN : 978-2-343-13285-3, ISBN EBOOK : 978-2-14-005180-7

LE SÉNÉGAL DES ENLISEMENTS

Critique d'un paysage politique

Mbodji Ndéné - Préface d'Éric Dacheux

«Mêlant références scientifiques occidentales et pensées philosophiques sur la négritude, ce livre offre une approche originale de la démocratie sénégalaise. Cette dernière est saisie dans sa singularité même, analysée, tout en reflétant les composantes universelles de la démocratie : influence contrastée des médias, jeux dangereux des *spin doctors*, versatilité de l'opinion publique, voix peu audibles des intellectuels. Il s'agit d'une dénonciation sans concession mais non sans profondeur. Une invitation au débat pour réinventer la démocratie sénégalaise.» Éric Dacheux

(Harmattan Sénégal, 25.50 euros, 260 p.)

ISBN : 978-2-343-11461-3, ISBN EBOOK : 978-2-14-004896-8

ODYSSÉE ET MUTATIONS ACTUELLES DE L'ENSEIGNEMENT TECHNIQUE ET PROFESSIONNEL AU SÉNÉGAL DE 1817 À 2016
Portées et limites des modèles qui se sont succédé
Perspectives de complémentarité entre modèles traditionnels et modèles nouveaux
Goudiaby Chérif
Cette analyse rétrospective et prospective du système d'enseignement technique et professionnel au Sénégal a permis de donner des éclairages sur les grandes mutations de l'enseignement technique professionnel au Sénégal de 1817 à 2016. Celle-ci a révélé une succession de paradigmes dans les politiques et les pratiques. Ce livre, à double visée technique et de recherche, peut servir de repère historique, de creuset d'étude, de choix et d'analyse de modèles de l'enseignement technique et professionnel.
(Harmattan Sénégal, 28.00 euros, 270 p.)
ISBN : 978-2-343-12241-0, ISBN EBOOK : 978-2-14-004764-0

HISTOIRE DE LA PRESSE SÉNÉGALAISE (Tome 1, 2 volumes)
Des origines à la Seconde Guerre mondiale (1856-1945)
Sène Diégane - Préface de Iba Der Thiam
Les journaux sont apparus relativement tôt au Sénégal, avant même les débuts de la conquête coloniale et par conséquent la stabilisation des frontières extérieures du pays. Mais ces journaux étaient loin de constituer une presse sénégalaise, qui naît à partir de 1913 avec l'arrivée et la coexistence durable et continue de plusieurs titres, un lectorat moins cloisonné, une diversité des contenus, un début de professionnalisation. Depuis, ce petit monde n'a cessé de s'élargir, servi par les circonstances d'une époque bouleversée.
(Harmattan Sénégal, Tome 1, vol. 1, 20.50 euros, 206 p.)
ISBN : 978-2-343-11817-8, ISBN EBOOK : 978-2-14-004746-6
(Harmattan Sénégal, Tome 1, vol. 2, 38.00 euros, 580 p.)
ISBN : 978-2-343-12396-7, ISBN EBOOK : 978-2-14-004745-9

TARIQA, MOUVEMENTS RÉFORMISTES ET ENSEIGNEMENT DE L'ARABE AU SÉNÉGAL
Fall El Hadji Moussa
Ce livre offre l'occasion de prendre acte d'un rapport à la langue arabe, moins conflictuel car plus spirituel que culturel. L'originalité de sa recherche repose certes sur une connaissance directe des acteurs étudiés mais elle se fonde également sur la pertinente intuition d'avoir mis le doigt sur l'articulation entre enseignement religieux et enseignement linguistique au Sénégal.
(Harmattan Sénégal, 35.00 euros, 344 p.)
ISBN : 978-2-343-12900-6, ISBN EBOOK : 978-2-14-004656-8

LA PROBLÉMATIQUE DE LA RÉPRESSION DES CRIMES DE GUERRE ET DES CRIMES DE GÉNOCIDE EN AFRIQUE
Maïga Taïcha
La répression des crimes internationaux, dont les crimes de guerre et de génocide, constitue une préoccupation majeure pour la communauté internationale. Mais la mise en œuvre d'une stratégie pénale commune est devenue problématique. La détermination de l'Union africaine et des États africains dans la voie de l'africanisation de la répression des crimes internationaux les a conduits à créer la Cour africaine de justice, des droits de l'homme et des peuples (CAJDHP) et les Chambres africaines extraordinaires (CAE). Cette africanisation de la répression des crimes internationaux permettra-t-elle cependant la fin de l'impunité en Afrique ?
(Coll. Harmattan Sénégal, 37.50 euros, 376 p.)
ISBN : 978-2-343-12934-1, ISBN EBOOK : 978-2-14-004840-1

LA DIMENSION SPIRITUELLE ET CULTURELLE DE LA TARIQA TIJJANIYYA : DÉFINITION, HISTORIQUE, COMPOSANTES ET PRATIQUES (3 tomes)
Ba Thierno Hammadi
Traduit de l'arabe, cet ouvrage en 3 volumes passe en revue tout ce qui compose la Tarîqa Tidjâniyya : sa définition, l'origine du wird tidjâne, les pratiques quotidiennes comme

hebdomadaires, la courbe de vie de Cheikh Ahmad Tidjâne Chérif, les arcanes et litanies, les invocations de haute portée spirituelle, l'identité véritable du Saint Messager de Dieu, l'identité des hommes de Dieu...
(Harmattan Sénégal, Tome 1, 31.00 euros, 302 p.)
ISBN : 978-2-343-12814-6, ISBN EBOOK : 978-2-14-004841-8
(Harmattan Sénégal, Tome 2, 37.00 euros, 374 p.)
ISBN : 978-2-343-12815-3, ISBN EBOOK : 978-2-14-004842-5
(Harmattan Sénégal, Tome 3, 31.00 euros, 306 p.)
ISBN : 978-2-343-12816-0, ISBN EBOOK : 978-2-14-004843-2

LES ACTEURS DE LA JUSTICE AU SÉNÉGAL DE 1960 À NOS JOURS
Sous la direction de Kaba Sidiki
«Nous avons entrepris d'élaborer une documentation retraçant l'odyssée de notre justice à travers ses illustres hommes et femmes, ses dates importantes et ses procès saillants. Ce livre, consacré aux personnages qui ont animé celle-ci de 1960 à aujourd'hui, répond, en partie, à cet impératif.»
Maître Sidiki Kaba
(Harmattan Sénégal, 49.00 euros, 524 p.)
ISBN : 978-2-343-13183-2, ISBN EBOOK : 978-2-14-004916-3

LE GUIDE PRATIQUE DE LA COPROPRIÉTÉ AU SÉNÉGAL (2e édition)
Les textes, les commentaires, la jurisprudence française et sénégalaise remis à jour
Zeitoun Franck - Préface de Souleymane Kane
Dix ans après la publication du *Guide pratique de la copropriété au Sénégal* en 2007, force est de constater que le paysage sénégalais a fortement évolué. Sur le plan des constructions d'immeubles, de nombreuses copropriétés verticales ou horizontales ont vu le jour dans les villes existantes et dans des villes nouvelles. Sur le plan juridique, des lois importantes ont été promulguées et la jurisprudence s'est étoffée. Si le plan de la 1re version a été conservé, ce livre contient des chapitres supplémentaires, apporte des réponses plus complètes et comporte davantage de références de jurisprudences rendues par les juridictions sénégalaises.
(Coll. Harmattan Sénégal, 35.00 euros, 350 p.)
ISBN : 978-2-343-12876-4, ISBN EBOOK : 978-2-14-004873-9

LE NOUVEAU DROIT DES MARCHÉS PUBLICS ET LA RATIONALISATION DE LA DÉPENSE PUBLIQUE
au Niger et au Sénégal (2 tomes)
Issoufou Adamou - Préface de Ismaila Madior Fall - Postface de Mamadou Dagra
L'étude vise, à travers une approche pluridisciplinaire, à mettre en exergue les liens parfois occultés entre marchés publics et droit budgétaire et comptable au regard des nouvelles exigences entourant la gestion de la dépense publique. Elle tente d'expliquer l'évolution du droit des marchés publics, surtout à partir de 2005 avec l'adoption des premières «directives marchés» dans le cadre de l'UEMOA.
(Coédition CREDILA, Harmattan Sénégal, Tome 1, 37.00 euros, 368 p.)
ISBN : 978-2-343-11283-1, ISBN EBOOK : 978-2-14-004729-9
(Coédition CREDILA, Harmattan Sénégal, Tome 2, 35.00 euros, 346 p.)
ISBN : 978-2-343-12295-3, ISBN EBOOK : 978-2-14-004730-5

XY MATHS CAP VERS LA RÉUSSITE 2ND S
Thiao Papa Ousmane
Le contenu de ce manuel est conforme au programme de seconde scientifique en vigueur au Sénégal dont il s'efforce d'atteindre les objectifs fondamentaux tant sur le plan méthodologique que sur le plan des connaissances. Il comporte pour chacun des chapitres un cours clair et détaillé, des exercices d'application résolus pour appliquer le cours, une série d'exercices pour mettre en application les méthodes étudiées, des exercices corrigés et des devoirs à la maison.
(Harmattan Sénégal, 29.00 euros, 282 p.)
ISBN : 978-2-343-12743-9, ISBN EBOOK : 978-2-14-004702-2

Structures éditoriales du groupe L'Harmattan

L'Harmattan Italie
Via degli Artisti, 15
10124 Torino
harmattan.italia@gmail.com

L'Harmattan Hongrie
Kossuth l. u. 14-16.
1053 Budapest
harmattan@harmattan.hu

L'Harmattan Sénégal
10 VDN en face Mermoz
BP 45034 Dakar-Fann
senharmattan@gmail.com

L'Harmattan Cameroun
TSINGA/FECAFOOT
BP 11486 Yaoundé
inkoukam@gmail.com

L'Harmattan Burkina Faso
Achille Somé – tengnule@hotmail.fr

L'Harmattan Guinée
Almamya, rue KA 028 OKB Agency
BP 3470 Conakry
harmattanguinee@yahoo.fr

L'Harmattan RDC
185, avenue Nyangwe
Commune de Lingwala – Kinshasa
matangilamusadila@yahoo.fr

L'Harmattan Congo
67, boulevard Denis-Sassou-N'Guesso
BP 2874 Brazzaville
harmattan.congo@yahoo.fr

L'Harmattan Mali
Sirakoro-Meguetana V31
Bamako
syllaka@yahoo.fr

L'Harmattan Togo
Djidjole – Lomé
Maison Amela
face EPP BATOME
ddamela@aol.com

L'Harmattan Côte d'Ivoire
Résidence Karl – Cité des Arts
Abidjan-Cocody
03 BP 1588 Abidjan
espace_harmattan.ci@hotmail.fr

L'Harmattan Algérie
22, rue Moulay-Mohamed
31000 Oran
info2@harmattan-algerie.com

L'Harmattan Maroc
5, rue Ferrane-Kouicha, Talaâ-Elkbira
Chrableyine, Fès-Médine
30000 Fès
harmattan.maroc@gmail.com

Nos librairies en France

Librairie internationale
16, rue des Écoles – 75005 Paris
librairie.internationale@harmattan.fr
01 40 46 79 11
www.librairieharmattan.com

Librairie l'Espace Harmattan
21 bis, rue des Écoles – 75005 Paris
librairie.espace@harmattan.fr
01 43 29 49 42

Lib. sciences humaines & histoire
21, rue des Écoles – 75005 Paris
librairie.sh@harmattan.fr
01 46 34 13 71
www.librairieharmattansh.com

Lib. Méditerranée & Moyen-Orient
7, rue des Carmes – 75005 Paris
librairie.mediterranee@harmattan.fr
01 43 29 71 15

Librairie Le Lucernaire
53, rue Notre-Dame-des-Champs – 75006 Paris
librairie@lucernaire.fr
01 42 22 67 13

www.ingramcontent.com/pod-product-compliance
Lightning Source LLC
LaVergne TN
LVHW011020061026
849535LV00006B/1982